La ciudad que no se pudo romper "Ypres"

Almeyda Fernandez

Estados Unidos
2024

Imprimir

Título del libro: La ciudad que no se pudo romper "Ypres"
Autor: Almeyda Fernández

Autor: Almeyda Fernández
Contacto: slushydoe@gmail.com

CONTENIDO

I. El París

Desde el mirador del balcón, la vista desde abajo es nada menos que fascinante. Las copas de los árboles en expansión se asemejan a un vasto bosque, con sus troncos ocultos en una maraña de callejones y plazas, como si se vieran desde la cima de una montaña imponente. Estos árboles, firmemente arraigados en el suelo de la historia francesa, no son mera flora; simbolizan la esencia de la tierra en la que prosperan. En el polvoriento paseo de grava que discurre entre el verde jardín y la bulliciosa calle, dos jóvenes figuras, un hombre y una mujer, participan en un animado juego con raquetas, uno de los muchos juegos de pelota de segunda categoría preferidos por la pequeña burguesía de Francia. Sus chaquetas y sombreros descansan en el borde de una pintoresca caja de madera que sostiene un floreciente naranjo. La pareja, empapada en sudor por el calor del sol de la mañana, sin duda está enamorada. Su interacción lúdica, aparentemente frívola e insignificante, contrasta con el peso del mundo fuera de su burbuja. Parece casi absurda esta delicada danza de afecto, en un momento y lugar tan cargados de tensión. Parecen no ser conscientes, o tal vez simplemente no molestarse, de la realidad de la profunda crisis que se desarrolla a su alrededor, una crisis que amenaza con consumir todo lo que conocen y aman.

Desde este mismo balcón, los monumentos de París se encuentran sorprendentemente cerca. El Louvre se extiende ante usted, con esculturas que van desde las obras de Jean Goujon hasta las obras maestras de Carpeaux; la Iglesia de Santa Clotilde, donde el genio de César Franck estuvo escondido durante décadas, al margen de los reflectores; la estación de tren Quai d'Orsay, una maravilla arquitectónica que demostró que una terminal podía evocar las mismas emociones que un palacio o un templo; la cúpula de los Inválidos, que se alza orgullosa contra el horizonte; y las majestuosas fachadas que rodean la Plaza de la Concordia, que alberga el Ministerio de Marina. Para cualquiera que entienda París, no sólo como una ciudad, sino como un símbolo de los logros humanos, la vista es profundamente conmovedora. El arte del Ministerio de Marina, con sus exquisitos pedestales, molduras y tallas, sirve como testimonio de las alturas de la artesanía nacional. Contemplarlo es transportarse a un lugar de profundo respeto y admiración.

Y, sin embargo, el sentimiento predominante es el de un profundo escape. Toda esta belleza, toda esta herencia, estuvo en un momento peligrosamente cerca de la destrucción. Estaba amenazado por fuerzas que entendían su valor incluso menos que la joven pareja con sus raquetas, fuerzas cuya conciencia era sólo un susurro en comparación con la grandeza de la civilización que buscaban desmantelar. Eran seres cuya crueldad era tan salvaje como ilimitada su ignorancia. París estuvo al borde de la catástrofe, pero milagrosamente sobrevivió. Ninguna ciudad estuvo jamás en mayor peligro y, sin embargo, por algún golpe de fortuna, logró evitar el desastre. Las calles estaban llenas de taxis que transportaban al Sexto Ejército (la última esperanza de salvación) avanzando a un ritmo inimaginable, cambiando el rumbo de la batalla y, tal vez, el curso mismo de la historia.

"¡La población de París se ha rebelado y viene a pedirnos clemencia!" Pensaron los exploradores alemanes, confundiendo la avalancha de taxis que corrían hacia el norte con una señal de pánico. Pero lo que en realidad habían presenciado fue el rápido movimiento del VI Ejército, cuya llegada marcaría el punto de inflexión de la campaña. El oficial alemán, al darse cuenta del error al día siguiente, sólo pudo reflexionar: "Nos ha sobrevenido una gran desgracia". De hecho, fue mucho mayor de lo que jamás podría haber anticipado.

El terror de lo que pudo haber sido, junto con el asombro de lo que realmente sucedió, llena la mente con una sensación de asombro cuando contemplas París desde el balcón. La ciudad, contra todo pronóstico, había escapado. El evento no fue sólo una situación cercana: fue un momento de pura maravilla, uno que es imposible de captar por completo. Es demasiado grandioso, demasiado trascendental para que la mente lo comprenda plenamente.

Las calles de París, aunque todavía se están recuperando, ahora tienen una calma peculiar, como si fuera un domingo por la mañana. El habitual zumbido de actividad ha sido reemplazado por una tranquila quietud, interrumpida por el ruido ocasional de los taxis que regresan. Los autobuses, que alguna vez fueron un elemento básico de la vida parisina, no se encuentran por ningún lado, ya que se han retirado detrás de las líneas del frente. Los trenes subterráneos, ahora manejados por mujeres, se han convertido en el principal medio de transporte. Un autobús tirado por caballos, aparentemente resucitado de una época pasada, avanza ruidosamente por los grandes bulevares, mientras su conductora, una campesina robusta y alegre, recoge los pasajeros entre los amplios pliegues de su delantal negro. Muchas de las tiendas más extravagantes e innecesarias permanecen cerradas, mientras que otras permanecen en silencio esperando el regreso del negocio. Sin embargo, las humildes tiendas de provisiones, el alma de los barrios de clase trabajadora, continúan funcionando como siempre, sin fanfarrias ni timidez. Las calles están llenas de soldados con una variedad salvaje de uniformes, algunos de azul pálido, otros de negro, todos mezclados en una exhibición caótica pero de alguna manera unificada.

Las aceras están salpicadas de viudas y huérfanos, cuyo dolor es profundo pero tácito. Las jóvenes y mujeres de luto son numerosas, y sus pesados velos negros son la única lista de bajas visible permitida por la Oficina de Guerra francesa.

París, que alguna vez estuvo tan llena de energía y glamour, ahora parece un lugar transformado: extraño, pero inconfundiblemente él mismo. En medio de la creciente conciencia de un desastre que se evitó por poco y de la creciente conciencia del poder que ahora ejerce la nación francesa, el espíritu de París se mantiene firme. Los franceses han llegado a comprender de nuevo su propia identidad. Están enojados, pero con frialdad; no son derrotados, pero sí cambiados. Ser testigo de esta transformación es nada menos que inspirador. París está bajo un hechizo, un encantamiento que magnifica la belleza de su resiliencia incluso cuando los detalles mundanos de la vida diaria continúan desarrollándose, extrañamente persistentes.

En un pequeño apartamento del sexto piso, uno podría encontrar un marcado contraste con la grandeza de la ciudad que se encuentra debajo. La cocina, modesta y con sólo dos fogones de gas, podría imaginarse fácilmente bajo las raíces de un naranjo en los jardines de las Tullerías. El apartamento está limpio hasta un grado casi obsesivo, cada elemento cuidadosamente elegido y apreciado. Uno de esos artículos es una pintura de acuarela, olvidada hace mucho tiempo pero ahora enmarcada y exhibida con orgullo. La única ocupante del apartamento, una costurera solterona de unos treinta años, gana unos modestos tres francos al día, pero es rica en su sencillez. Su riqueza no proviene de posesiones materiales, sino de la tranquila disciplina de vivir dentro de sus posibilidades. A pesar de su naturaleza modesta, alberga un temperamento feroz que sólo dos cosas pueden provocar: cualquier mención de matrimonio o cualquier intento de alterar sus rutinas establecidas. Estos son los pilares sagrados de su existencia. Su visita a un pequeño pueblo el verano pasado, para ayudar a su cuñada a administrar un café, estaba destinada a ser una especie de vacaciones. Sin embargo, no podía soportar la idea de permanecer de pie durante horas, sirviendo a una multitud que apenas entendía. Con el tiempo, la atracción de la vida parisina se volvió irresistible y ella regresó, a pesar de la escalada de guerra a su alrededor. El viaje fue agotador, duró tres días y dos noches, y estuvo lleno de refugiados y soldados heridos. Sin embargo, ella persistió. Al regresar a París, recibió la noticia de que los alemanes habían dejado el café intacto, aunque la guerra ciertamente había dejado sus huellas.

Cuando se le pregunta sobre el viaje, simplemente afirma: "Fue terrible. Un viaje de tres horas se convirtió en tres días de pie, sin espacio para moverse y con muy poca comida o bebida". Y, sin embargo, al final, había logrado regresar. La guerra había trastornado su vida, pero no su espíritu. A pesar de todo, ella permaneció sin cambios, sus hábitos tan inquebrantables como siempre.

Y luego está el Boulevard St. Germain, una casa antigua y grandiosa, una reliquia de otra época. El salón, cerrado durante dos décadas, todavía conserva el mobiliario pesado y sombrío de una época pasada. La matriarca, una viuda de formidable voluntad, es tan activa como cualquier mujer con la mitad de su edad. Se levanta a las cinco de la mañana y ningún cocinero ha satisfecho jamás sus estándares. Su hijo, soltero de cincuenta años, está paralítico y pasa los días en una silla de ruedas, rodeado de libros, grabados y periódicos. Sus conversaciones a menudo giran en torno a las inversiones, la guerra y el futuro incierto que se avecina. A pesar de las terribles circunstancias, la anciana viuda se mantiene decidida y nunca llega a creer que los alemanes serán derrotados. "Nunca serán derrotados", insiste, "porque siempre son capaces de inventar algo nuevo". Ella continúa, sin inmutarse, dirigiendo su hogar con la misma precisión y autoridad que siempre ha tenido.

En contraste con la tenacidad de esta familia está la historia de una modista de moda, una hermosa mujer cuya vida ha dado un vuelco por la guerra. Su marido, que alguna vez fue soldado, ahora ocupa un pequeño puesto administrativo, mientras que sus dos hijos pequeños siguen siendo la viva imagen de la elegancia juvenil parisina. Sin embargo, a pesar de la belleza superficial de su vida, la guerra ha agotado sus recursos. Su taller, que alguna vez estuvo lleno de setenta empleados, ahora está vacío. La modista reflexiona sobre las dificultades provocadas por la guerra y señala que las cosas más simples, como la sal y la achicoria, se habían vuelto imposibles de obtener. Aún así, mantiene la esperanza, esperando el regreso de la normalidad, y aunque la guerra ha dejado su huella, su espíritu permanece intacto.

A través de estas historias, París, como ciudad y como símbolo, revela su verdadera esencia. A pesar del caos, a pesar del miedo, perdura. Y en esa resistencia hay una belleza que no se puede extinguir.

En los momentos finales de nuestra reunión, me encontré en el corazón de París, en una casa famosa por la riqueza de su colección ecléctica. Era un lugar a la vez antiguo y nuevo: baratijas, porcelana, ventiladores exquisitos y muebles intercalados con pinturas modernas que llenaban las paredes. Entre las obras de arte se encontraban frescos de Pierre Bonnard y sus contemporáneos, que crean una atmósfera refinada y contemporánea. Desde un balcón de mármol negro, la vista era impresionante y ofrecía una perspectiva poco común de París, el centro mismo de la ciudad. Este era un lugar donde chocaban mundos: autores, músicos, pintores, administradores y admiradores casuales, todos reunidos en el mismo espacio.

La anfitriona, siempre amable, había invitado a un funcionario de alto rango del Ministerio de Asuntos Exteriores, alguien a quien no había visto en muchos años. Si bien no lo dijo explícitamente, estaba claro que su intención era facilitar mis viajes a la zona de guerra, un esfuerzo que había estado planeando durante mucho tiempo. Varios de mis viejos amigos también estaban presentes, y fue sorprendente ver cuántos habían logrado evitar el servicio activo: algunos por necesidad debido a sus funciones en la administración, otros debido a posturas neutrales o porque se los consideraba demasiado mayores o físicamente no aptos. para el servicio. Desafortunadamente, algunos habían fallecido en el cumplimiento del deber, dejando un espacio vacío en la habitación.

En medio del hermoso caos de objetos que exigían admiración, la conversación inevitablemente giró hacia la guerra. El funcionario del Ministerio de Asuntos Exteriores, vestido con alpaca pálida y botas amarillas, explicó con calma autoridad los significados detrás de varios libros de colores: libros amarillos, libros blancos, libros naranjas, libros azules. Pero los asuntos verdaderos y más urgentes quedaron intactos. Se escuchó música, incluido Schumann, un compositor alemán, lo que añadió un extraño pero profundo aire de normalidad al proceso. Entonces la literatura pasó a primer plano. Un novelista, deseoso de participar, me pidió mi opinión sobre un libro titulado El camino de toda carne. Le sorprendió saber que todavía estaba causando sensación a nivel internacional, a pesar de que se había escrito hace tanto tiempo. También expresó curiosidad por George Gissing, un nombre que era nuevo para él.

De repente, desde el rincón poco iluminado del balcón, una voz me interrumpió, sobresaltándome. Era una pregunta que parecía fuera de lugar en medio de un discurso tan culto:

"Sinceramente, ¿odian a los alemanes en Inglaterra? ¿Realmente los odian? Lo dudo. Lo dudo mucho".

Me reí torpemente, como haría cualquier inglés, desconcertado por la franqueza de la pregunta. El fugaz episodio, aunque breve, interrumpió el flujo de la conversación y desvió nuestra atención de la literatura a un tema más incómodo.

A medida que avanzaba la noche, las discusiones sobre mi propuesta de visita al frente fracasaron. Si bien se había organizado el viaje, programar la salida real parecía imposible. Así que opté por visitar Meaux, un lugar que me fascinaba desde hacía mucho tiempo por su importancia histórica y literaria. Meaux había sido quemada por los normandos en el siglo X y fue testigo de horribles masacres en el siglo XIV, acontecimientos que ocuparon un lugar destacado en la historia inglesa, particularmente para la aristocracia. En el siglo XVII fue también la sede del célebre obispo Bossuet. Pero más recientemente, durante la Primera Guerra Mundial, los alemanes habían avanzado hasta Meaux antes de ser detenidos justo antes de llegar a París. Meaux se había convertido así en un símbolo, el punto más cercano a París al que llegaban las fuerzas enemigas.

Incluso un viaje a Meaux requería ciertas formalidades. El viaje, que habría durado la mitad del tiempo en coche, se vio retrasado por la lentitud del tren que serpenteaba por el Marne. Pero las formalidades eran sencillas. Meaux, una ciudad con una población de sólo catorce mil habitantes, estaba dominada por su catedral, hasta tal punto que, vista desde lejos, la ciudad parecía consistir enteramente en esta imponente estructura.

Al llegar alquilamos un carruaje conducido por un señor mayor y solemne que, sin mucho entusiasmo, se ofreció a llevarnos a Barcy, un pueblo que había sido bombardeado e incendiado durante la guerra. Por quince francos, más una propina, aceptó mostrarnos el campo de batalla. Su comportamiento tranquilo, casi resignado, mientras señalaba los pueblos a lo largo de la ruta, añadió una extraña sensación de melancolía al viaje. Mientras pasábamos por los pueblos de Penchard, Poincy y Monthyon, el conductor habló de exploradores alemanes que habían ocupado brevemente Meaux, creyendo que se enfrentaban a una fuerza mucho mayor de la que en realidad eran.

Nuestro conductor explicó cómo los alemanes habían sido engañados por el cuartel general inglés en La Ferté-sous-Jouarre, que había volado un puente por precaución. Luego señaló la primera tumba: una tumba sencilla pero conmovedora, marcada por una bandera blanca, una cruz y una pequeña corona. La tumba de un soldado del 66º Territorio era un símbolo del último empujón desesperado de los alemanes antes de su retirada.

A medida que continuamos, cruzamos una extensa llanura salpicada de parches de bosque, campos de trigo y alguna que otra lápida. La zona había sido alguna vez un lugar de conflicto sangriento, pero ahora, en la calma posterior, había sido recuperada por la naturaleza. La tierra, aunque todavía marcada por las trincheras, ahora estaba cubierta de cultivos y flores silvestres. La tierra estaba sanando lentamente, aunque el recuerdo de la guerra persistía en las tumbas silenciosas esparcidas por el paisaje. Algunas tumbas estaban marcadas con banderas blancas y cruces, mientras que otras simplemente estaban numeradas y se desconocía a sus ocupantes.

Llegamos a una granja que los alemanes habían destruido. Los muebles fueron saqueados y los toneles de vino destrozados. La vista de esta casa abandonada, una vez llena de objetos familiares, ahora vacía y destrozada, fue un poderoso recordatorio de la destrucción de la guerra. La casa era un testimonio silencioso de las vidas trastornadas por el conflicto.

Barcy, que alguna vez fue un campo de batalla clave, se alzaba al frente. La torre de la iglesia, aunque destrozada, seguía en pie como símbolo de resiliencia. Pasamos por el pueblo, que había sido reconstruido pero todavía mostraba signos de los brutales combates. Algunas casas habían sido restauradas con nuevos tejados rojos, mientras que otras permanecían en ruinas. La oficina de correos, gravemente dañada, aún no había sido reparada por completo, y la iglesia, con su techo roto y sus ventanas destrozadas, era una vista inquietante. En el interior, los bancos permanecían prácticamente intactos, pero el altar y la nave eran un caótico desastre de destrucción.

Al salir de Barcy, atravesamos un paisaje salpicado de más tumbas: cruces blancas que marcaban las tumbas de los soldados. Pero también había cruces más oscuras, negras, que simbolizaban las tumbas de los soldados alemanes. Estas tumbas, sin nombres ni coronas, sirvieron como un crudo recordatorio del enemigo que una vez ocupó esta tierra. El contraste entre las cruces blancas y negras era sorprendente, simbolizando las profundas divisiones creadas por la guerra.

Mientras regresábamos a Meaux, los campos, que alguna vez fueron campos de batalla, ahora estaban cubiertos de cultivos, que parecían ignorar las tumbas debajo de ellos, creciendo sobre ellos como desafiando la presencia persistente de la guerra. El trigo y la avena, maduros para la cosecha, fueron un testimonio de la resiliencia de la naturaleza.

Finalmente, después de un largo día de reflexión y recuerdo, regresamos a la normal y práctica estación de tren de Meaux. En el café, una francesa nos sirvió té como si nada fuera de lo común hubiera ocurrido. Sin embargo, cuando regresamos a París, supe que la experiencia de visitar el frente, de ver las tumbas y los restos de la batalla, permanecería conmigo para siempre. Fue un poderoso recordatorio de que las líneas del frente, aunque distantes, alguna vez estuvieron más cerca de lo que nos atrevíamos a imaginar.

II. Frente francés

Fuimos recibidos en el poste de mando por los oficiales a cargo, que nos estaban esperando. Pronto quedó claro que esto era algo común. Ya fuera un general, coronel o comandante, en cada parada, el oficial de mayor rango estaría presente para explicar la situación. Y explicaron todo con una claridad que sólo los franceses parecen poseer: un don extraordinario, como lo demuestran los informes oficiales que detallan las primeras fases de la guerra, que habían sido compartidos con el público anglosajón a través de Reuters.

Nuestro pequeño grupo de cuatro iba acompañado de una gran cantidad de automóviles y chóferes. En ningún momento del día, ya fuera a toda velocidad por caminos llenos de baches y deteriorados o caminando por la tierra, me faltó un oficial de estado mayor a mi lado. Cada uno me dio la impresión de que existían únicamente para servirme. Cada detalle de nuestro viaje fue cuidadosamente organizado y toda la operación transcurrió sin problemas. Ningún corresponsal estadounidense anterior a Lusitania podría haber sido más mimado por los alemanes, que estaban desesperados por su favor, que yo por los franceses, que ya se habían ganado mi buena voluntad sin necesidad de intentarlo.

Después de las formalidades del saludo, subimos a una terraza alta de un gran castillo cercano. Desde allí, una vasta extensión de Francia se extendía ante nosotros en un semicírculo reluciente. A lo lejos, una cadena baja de colinas, irregularmente salpicadas de árboles, marcaba el horizonte. Un río serpenteaba por el paisaje, desembocando en zonas de densos bosques y pequeños bosquetes. Más allá, interminables viñedos se extendían hacia arriba en diferentes pendientes, arrastrándose desde el valle casi hasta nuestros pies. A lo lejos, a la izquierda, un pueblo con imponentes chimeneas de fábrica se alzaba en silencio, libre de humo.

Las campesinas se inclinaban entre los viñedos, mientras la tierra parecía estar viva con el cultivo y produciendo abundantemente. La escena era magnífica, en contraste con una gloriosa tarde de verano. El sol colgaba alto en el cielo, proyectando enormes sombras púrpuras que se movían lentamente a través de los verdes vibrantes de la tierra. El aire se llenó de una sensación de paz, majestuosidad y la tranquila riqueza del suelo francés.

"¿Ves esa línea blanca en las colinas de allí?" preguntó uno de los oficiales, desplegando un mapa a gran escala.

Supuse que era un camino.

"Esas son las trincheras alemanas", explicó. "Están a cinco millas de distancia y sus posiciones de armas están ocultas en el bosque. Nuestras propias trincheras son invisibles desde aquí".

Fue un momento monumental: la primera vez que vi las trincheras alemanas. La visión provocó una mezcla de asombro y profunda tristeza. Mis pensamientos se aceleraron: toda Francia más allá de esa línea, una tierra como aquella en la que me encuentro, habitada por personas como quienes me rodean, está bajo la tiranía opresiva de los invasores. Mientras intentaba comprender la escala, me di cuenta de que estas trincheras se extendían desde Ostende hasta Suiza, y los mismos hombres que las habían construido estaban involucrados en operaciones similares en lugares tan al noreste como Riga y tan al sureste como las fronteras de Rumania. En ese momento pensé: Puede que estos bandidos estén locos, pero lo están de una manera grandiosa y aterradora.

Habíamos llegado al frente.

Durante los últimos veinte kilómetros habíamos conducido por una carretera fuertemente patrullada y cerrada a los civiles. Incluso los oficiales de estado mayor tuvieron que pasar entre centinelas, susurrando contraseñas para evitar ser rechazados. La vida civil en esta zona había quedado suspendida y existía precariamente de una comida a otra. Los aviones rugieron sobre nuestras cabezas, destruyendo cualquier apariencia de paz. Ninguna carta podía salir de una oficina de correos sin un retraso obligatorio de tres días, y los telegramas eran muy sospechosos. Entrar en una estación de ferrocarril era casi tan difícil como entrar en una fortaleza, y sólo aquellos con pasaportes o pases especiales podían disfrutar de las libertades restringidas que quedaban. Sin embargo, en medio de todo esto, no vi señales de angustia. Nadie frunció el ceño ni se quejó. Todos parecían aceptar la necesidad de estas medidas al servicio de la inmensa maquinaria militar. Esperaron con calma y con sonrisas confiadas.

Sería inexacto decir que la vida civil se ha detenido. Debajo de las capas de control militar, los aspectos fundamentales de la vida continuaban. La tierra siguió rindiendo y los cultivos florecieron hasta el mismo borde de las alambradas alemanas. Los oficiales advirtieron a los campesinos del peligro, pero ellos simplemente respondieron: Hay que trabajar la tierra.

Cuando la artillería alemana comenzaba a disparar, las mujeres vestidas de azul desaparecían refugiándose en el bosque. Media hora después de que cesara el bombardeo, reaparecían con cautela y continuaban su trabajo. Un campesino, aparentemente indiferente, incluso colocó un paraguas para dar sombra, aunque era un hombre.

Sin lugar a dudas estábamos en el frente. Pero en ese momento, el frente parecía más abstracto que real. No hay sonidos de batalla, ni signos de destrucción; sólo la línea pálida y tenue de las trincheras alemanas, apenas visible en las colinas distantes. Un trueno distante resonó en el aire. Era el sonido de disparos. Una pequeña nube de humo apareció a lo lejos. Sin embargo, esta breve perturbación no hizo nada para estropear la serenidad del paisaje. Toda la escena parecía indiferente a la guerra que se avecinaba más allá. Pero incluso en esta calma, sabíamos que estábamos en la cúspide de algo vasto y peligroso.

Un poco más adelante, nos mostraron las consecuencias de un ataque de artillería anterior: un enorme cráter abierto en la tierra. La visión de esta repentina destrucción hizo que la guerra pareciera menos abstracta, más real.

"Tenemos ochenta mil hombres delante de nosotros", dijo uno de los oficiales, señalando el paisaje.

"¿Pero dónde?" Pregunté, luchando por entender.

"Enterrados en las trincheras", respondió.

Parecía increíble.

Me volví para preguntar: "¿Y los demás, los muertos?"

"Nunca hablamos de ellos", fue la tranquila respuesta. "Pero pensamos en ellos a menudo".

Un poco más cerca de la zona de guerra, visitamos el parc du génie (el parque de los ingenieros) donde vimos colinas de alambre de púas, mucho más peligroso que cualquier cosa que usaran los agricultores. Estas bobinas parecían diseñadas no sólo para atrapar, sino también para destrozar a cualquiera que se acercara demasiado. También había montones de madera para apuntalar minas, sacos de tierra para trincheras improvisadas y chevaux de frise: dispositivos de cuatro puntas diseñados para empalar a cualquiera que tuviera la mala suerte de quedar atrapado en ellos. Incluso se almacenó papel alquitranado para mantener secas las trincheras. Las cantidades de suministros eran asombrosas.

Cerca de allí, un pequeño grupo de prisioneros alemanes realizaba trabajos domésticos bajo vigilancia. Se movían resignados, como si supieran que la guerra estaba lejos de terminar. Un oficial nos dijo que cuando mencionó la posibilidad de intercambiar prisioneros, los alemanes protestaron, prefiriendo el cautiverio a regresar a los horrores del frente. Los prisioneros parecían brutalizados, un claro recordatorio de los efectos deshumanizadores de la guerra.

No muy lejos de allí, recorrimos un hospital (una ambulancia de primera línea) instalada en una fábrica. Esta fue la primera parada para los heridos, que llegaron directamente desde los puestos de asistencia detrás del frente. Una llamada telefónica llamó a un automóvil, que a menudo llegaba antes que los camilleros. Los heridos podían ser operados una hora después de haber sido heridos, aunque gran parte del personal y el equipo del hospital eran móviles y podían reubicarse rápidamente según fuera necesario.

Una vez, un hospital fue evacuado por completo en sesenta minutos, respondiendo rápidamente a una orden de traslado repentino. Recorrimos las instalaciones, pasando por pequeñas salas, quirófanos y áreas de almacenamiento, todos con un olor acre a éter. Los pacientes eran pocos, pero el cansancio en el rostro del médico contaba la historia del inmenso trabajo que debió haber tenido lugar detrás de aquellas puertas cerradas.

En el amplio patio encontramos un hospital de campaña, listo para mudarse en poco tiempo. El personal médico trabajó silenciosamente en el interior, preparándose para la próxima crisis, mientras afuera, un carro con equipo de esterilización esperaba, listo para ser desplegado en cualquier momento.

Nuestro recorrido continuó con una visita a un parque de aviación, ubicado en un vasto campo de trigo en lo alto de una colina. Allí vimos hangares que albergaban aviones utilizados para dirigir el fuego de artillería. Los aviones tenían sus propios vehículos de transporte; a veces era necesario transportarlos por carretera si sufrían daños. El oficial a cargo, un joven suboficial con acento sureño, nos demostró las capacidades de los aviones, mostrándonos sus equipos inalámbricos y dándonos la oportunidad de sentarnos en la cabina. A pesar del mal tiempo para volar, aceleró el motor, produciendo una corriente de aire que dobló el trigo detrás de nosotros y nos hizo volar el sombrero.

Después nos mostraron cañones antiaéreos, especialmente diseñados para derribar aviones enemigos. El oficial nos dio una explicación detallada del funcionamiento de las armas, que duró casi media hora, aunque gran parte de ella escapaba a mi comprensión. Estaba claro, sin embargo, que estas armas fueron construidas para alcanzar sus objetivos con una precisión mortal.

Nuestra última parada fue en el setenta y cinco, la famosa pieza de artillería francesa. Observamos su funcionamiento, la precisión con la que se cargaba y disparaba y la velocidad de su retroceso. Cuando le propusimos probarlo, el oficial aceptó de inmediato. En unos momentos, el arma estaba lista para disparar. Con un fuerte estallido, el proyectil fue lanzado, su trayectoria invisible y su destino desconocido. Se disparó un segundo proyectil por si acaso, y los artilleros estaban listos, preparados para lo que vendría después.

Iniciamos otro descenso hacia la tierra, aventurándonos unos metros más cuando, inesperadamente, la trinchera se divide en tres direcciones. Surge la confusión. No estamos seguros de qué camino seguir, y el oficial detrás de nosotros, a pesar de lo perdido que estamos, tampoco tiene idea. El oficial que debería guiarnos está unos buenos treinta metros por delante y, a pesar de nuestras llamadas, no hay respuesta. Salimos de la trinchera y emergimos a la superficie, donde un páramo desolado se extiende hasta donde alcanza la vista. No hay señales de nuestros camaradas, ni siquiera rastro de sus huellas. El suelo, al margen de la presencia humana, parece burlarse de nosotros. Esto, en sí mismo, constituye un triste testimonio de la inmensidad y el aislamiento de la guerra de trincheras.

Después de un momento de pánico, finalmente aparece un oficial, guiándonos por el camino correcto, la trinchera del extremo derecho. Seguimos caminando bajo el calor agobiante, completamente desorientados. Nuestro sentido de dirección se pierde por completo.

Finalmente llegamos a un tramo de la carretera donde cruza un ferrocarril. A lo lejos vemos un globo cautivo alemán, inmóvil contra el cielo. El ferrocarril, que alguna vez fue un símbolo de progreso y eficiencia, ahora está abandonado, con sus cables de señales colgando como cintas fláccidas y sus vías oxidándose. La vista es inquietante. Es casi incomprensible presenciar tal abandono de una línea principal en lo que alguna vez fue un país próspero y civilizado. Uno comienza a preguntarse si estamos siendo testigos de los restos de una civilización perdida, con su alma borrada por la locura de la guerra.

Este tramo particular de ferrocarril es inútil tanto para los alemanes como para los franceses. Se encuentra dentro del territorio francés, pero está demasiado expuesto a la artillería alemana para ser de alguna utilidad. Quedan unos diez kilómetros de vías, que sirven como un trágico monumento al sinsentido de la invasión. Es un lugar que evoca desesperación.

El viaje continúa y finalmente llegamos a un pueblo que se encuentra en la punta de un saliente francés. La vista que tenemos ante nosotros es desgarradora. El pueblo ha quedado completamente destruido. Las ruinas son un sombrío espectáculo de guerra. Entre los escombros, detectamos restos extraños e inquietantes: un osito de peluche descansando sobre los escalones rotos de una escalera, la estructura de una cama medio enterrada entre los escombros y los restos esqueléticos de pájaros en una jaula que aún cuelga de una pared. Toda la zona es un foco de bombardeos y sus habitantes quedan atrapados en un ciclo implacable de violencia. Sin embargo, a pesar del caos, unos pocos civiles se niegan a irse. Diecisiete en total (siete hombres y diez mujeres) permanecen obstinadamente en su lugar. Hablo con una anciana que insiste en que no hay peligro, que la vida debe continuar. Un momento después, un proyectil explota a sólo cien metros de donde nos encontramos. Es un recordatorio aleccionador de lo absurdo de su creencia y de la cruel realidad de la guerra que nos rodea.

La iglesia del pueblo, que alguna vez fue un lugar de santuario, ahora es una sombra de lo que fue antes. Su techo ha desaparecido, aunque quedan dos arcos delgados, que aparentemente desafían la gravedad. Sobre el altar están dispuestas unas flores tristes. A pesar de la destrucción, todavía se celebra misa todos los domingos, un testimonio de la resistencia del espíritu humano. Conocemos al cura del pueblo, un hombre frágil que viste la Legión de Honor. En sus ojos podemos ver tanto el peso de sus años como la determinación inquebrantable que lo ha mantenido en este lugar abandonado.

Continuamos nuestro viaje a través de las trincheras, que ahora parecen un laberinto de pasadizos subterráneos. El calor del sol se siente pero no se ve. Los carteles en las paredes, como "Tranchee de repli" o "Guetteur de jour et de nuit" (vigilante de día y de noche), señalan el camino. Abrimos una puerta y, dentro, nos encontramos con un hombre pálido que parece casi fantasmal, vigilando en la oscuridad. No dice nada, pero su presencia silenciosa resulta inquietante.

Más allá de esto, vislumbramos una carretera abandonada y una extensa red de alambre de púas. Nuestro camino serpentea más y llegamos a un reducto improvisado construido con casas y establos en ruinas. A lo lejos se oye el sonido de disparos de fusil, pero no podemos ver el origen. Se nos muestra la recámara de la ametralladora, donde se descubre brevemente la boca del cañón, y luego se nos lleva bajo tierra a un refugio, un refugio contra los inevitables bombardeos.

Luego nos dirigimos al alojamiento de los hombres, donde nos saludan con un sonoro "¡Bonjour, les poilus!" del Comandante. Su brillante sonrisa y sus gestos animados son contagiosos. Los soldados saludan con orgullo y entusiasmo, y su comportamiento está lleno de un feroz sentido de devoción. Destaca un soldado en particular: un hombre de mirada penetrante y presencia fuerte. Su lenguaje corporal habla de una confianza inquebrantable, como si dijera: "Sé lo que valgo y estoy completamente dedicado a esta causa". Un joven oficial comenta que estos hombres poseen tanto el carácter salvaje de una bestia como la pureza de un ángel: una observación profunda que no puedo dejar de admirar.

El regimiento, estacionado en el pueblo desde otoño, se ha negado a ser relevado y sus energías parecen tan frescas como si acabaran de llegar. Sorprende el confort de los soldados. Han creado pequeños jardines con estatuas, un gimnasio para recreación e incluso un teatro con escenario y vestuario. Esto, en contraste con el caos exterior, habla de la resiliencia y adaptabilidad de estos hombres.

Nuestro destino final es la trinchera de primera línea y la experiencia no se parece a nada que hayamos visto antes. La trinchera, aunque limpia y bien mantenida, tiene poco parecido con los sombríos canales llenos de barro que hemos llegado a asociar con la guerra. Más bien, parece una larga galería de madera. Sus lados, techo y piso están construidos de madera y, aunque la artesanía es rudimentaria, es funcional y sorprendentemente limpia.

Se nos dice que ningún ingeniero ha participado en la construcción, pero se considera una de las posiciones más ingeniosas del frente. La trinchera está poco iluminada, con pequeñas aspilleras que proporcionan vistas estrechas, pero cruciales, del área exterior. Las lagunas están dispuestas de tal manera que los soldados pueden apuntar sus armas a través de ellas sin exponerse completamente al fuego enemigo. Cada laguna está etiquetada con el nombre del soldado asignado a ella y, entre los espacios, hay fotografías y postales de sus seres queridos, un conmovedor recordatorio de las vidas que luchan por proteger.

Al mirar por las aspilleras, vemos a lo lejos las trincheras enemigas, separadas de nosotros por una franja de tierra desolada. La proximidad de ambos bandos es palpable. La guerra de trincheras que define este conflicto es una realidad ineludible tanto para los franceses como para los alemanes. La tensión es asfixiante y queda claro que esta guerra no es sólo una cuestión de estrategia y recursos, sino de supervivencia.

Cuando dejamos la trinchera y regresamos a las dependencias del comandante, nos reciben con más champán. La celebración es un bienvenido respiro de los horrores del frente, y la atmósfera es de camaradería y respeto. El Comandante, con su inquebrantable confianza y encanto, preside la reunión. Su liderazgo, como el de muchos otros en el ejército francés, inspira admiración y lealtad.

En un momento final de ligereza, se nos cuenta la historia de un teniente que, en medio de la batalla, le preguntó al sacerdote del pueblo si podía celebrar misa. La respuesta del sacerdote fue simple pero profunda: "Si eres sacerdote, entonces puede." Y así, el Teniente, con su uniforme y en medio de la destrucción, celebró Misa para sus hombres.

Mientras nos preparamos para partir, el sonido del fuego de artillería resuena a lo lejos. La tensión es palpable una vez más. Nos movemos rápidamente hacia la trinchera, agachándonos mientras las explosiones sacuden la tierra a nuestro alrededor. Los agentes nos ordenan contar hasta cinco antes de levantarnos, como precaución contra la metralla que sigue a la explosión inicial. Nos movemos con cautela, manteniendo la cabeza gacha y los sentidos alerta.

En esta guerra, el tiempo y el espacio pierden todo significado. Las líneas del frente son un lugar de peligro constante, donde la vida y la muerte están separadas por apenas unos centímetros. Sin embargo, en medio de la violencia y la destrucción, sigue existiendo un innegable sentido de propósito, una creencia de que, a pesar de todo, la victoria todavía está a nuestro alcance.

III. Ruinas Les

Cuando se llega a Reims por la carretera de Épernay, el escenario que se presenta a primera vista parece típico: la vida sigue su curso habitual. Ya no existen los controles aduaneros que antes eran necesarios y las calles se llenan del bullicio de la vida cotidiana. Las mujeres, algunas jóvenes y llamativas, miran con indiferencia el paso de tu coche. Los niños corren y gritan bajo el calor del sol, disfrutando de su juego sin preocupaciones. Los pequeños cafés y tiendas mantienen sus puertas abiertas, ocupados con las transacciones diarias. El panadero está trabajando duro y los lugareños de mediana edad continúan con sus tranquilas rutinas, sumidos en sus pensamientos. Hay soldados presentes, pero eso no es inusual; Hay soldados estacionados en casi todas las ciudades importantes de Francia, incluso en tiempos de paz. En resumen, la escena se parece mucho a cualquiera de las calles exteriores más pobres de camino al centro de la ciudad.

Sin embargo, en menos de dos minutos todo cambia. Un corto trayecto en coche llega a un barrio donde la vida ha desaparecido por completo. Esta zona no sólo ha resultado dañada, sino que ha sido arrasada. Los edificios, aunque todavía en pie en algunas partes, están arruinados sin posibilidad de reparación. Será necesario reconstruirlos desde cero, empezando por los sótanos. Esta zona es un páramo, al margen de la vida, un testimonio de destrucción. Las casas grandes, las pequeñas y las tiendas han sufrido por igual. Las fachadas pueden mantenerse en pie (algunas todavía intactas mientras que otras se inclinan precariamente), pero los interiores no son más que un montón de escombros. En algunos lugares, pisos enteros han desaparecido, dejando sólo paredes expuestas. En otros, los suelos cuelgan en ángulos extraños, desafiando la gravedad. Lo que alguna vez fue una casa o un lugar de negocios ahora se ha convertido en un montón de ruinas irreconocibles. Entre los montones de escombros se pueden ver fragmentos de objetos íntimos del hogar: una bañera, parte de un espejo, un trozo de tapiz, una cacerola. Incluso una corona funeraria todavía cuelga en su tienda, un extraño vestigio de la vida normal. Cables de teléfono y telégrafo cuelgan sueltos, enredados de postes rotos. El reloj de la iglesia protestante está congelado a las seis menos cuarto.

Los proyectiles disparados por el enemigo parecen caprichosos en su destrucción. Un proyectil simplemente abre un agujero en el patio lo suficientemente grande como para enterrar a todo un ejército alemán, mientras que otro, un potente proyectil de 210 mm, atraviesa una pared interior y abre los sótanos que hay debajo. Increíblemente, diez personas se refugian allí y, milagrosamente, ninguna resulta herida. Mientras tanto, viejos carteles de tiendas, como "La buena esperanza" y "El éxito del día", siguen colgados, y su mensaje ahora es casi burlón frente a la catástrofe.

Los habitantes de este barrio y de muchos otros de Reims han desaparecido. Algunos han muerto, otros han huido a lugares como Epernay o París. Dejaron todo atrás, pero en cierto sentido no dejaron nada. La tragedia es tan vasta, tan insondable, que es imposible comprender plenamente su alcance. Sin embargo, en medio del horror, hay una extraña belleza en las ruinas; curiosamente, incluso en la destrucción de la arquitectura moderna, las ruinas ocasionalmente adquieren cierta forma de grandeza. La imagen de un papel tapiz pálido de un dormitorio que contrasta con la mampostería ennegrecida, con parte de una casa sobresaliendo como una columna irregular en medio del caos, se queda en la mente. Sirve como símbolo del daño causado por las fuerzas alemanas.

Esta destrucción no es accidental: es precisamente lo que pretendían los alemanes cuando cruzaron a Francia. La aniquilación de hogares, negocios y vidas, la transformación de la alegría en tristeza, fue el objetivo desde el principio. Este fue el trabajo de líderes y planificadores militares, quienes idearon esta destrucción con una intención fría y científica. La crueldad de esto es obvia, pero lo que es aún más devastador es su pura inutilidad. La insensatez abruma la mente. Esta destrucción, nacida de la codicia política, parece incluso más monstruosa que si fuera provocada por un conflicto religioso. Es un anacronismo abominable, una reliquia trágica de una época pasada que parece fuera de lugar en el mundo moderno.

Curiosamente, en un barrio cercano, que no ha sido completamente destruido, un hombre llega a casa en un taxi, con el equipaje a cuestas. La sirvienta espera en la puerta y ofrece un breve recordatorio de que la vida, en algunos bolsillos, continúa. Otra rareza es que un propietario que había comenzado a construir una casa justo antes de la guerra reanudó la construcción en medio de todo este caos. Y en la Explanada Ceres, la fuente sigue manando serenamente, a pesar de la devastación que la rodea, mientras las trincheras alemanas se encuentran a sólo dos millas de distancia.

Es imposible para cualquier persona con sentido de la razón observar la geografía de esta destrucción sin concluir que los alemanes tenían como objetivo específico la Catedral. Al recorrer las calles que sufrieron la peor parte del asalto, se puede ver claramente que los alemanes intentaban alcanzar la catedral con sus bombardeos. La mayoría de los daños se centran en esta estructura icónica.

Sin embargo, sorprendentemente, la Catedral se mantiene en pie.

Aunque el área que la rodea está arrasada, con hoteles y el palacio arzobispal en ruinas, la Catedral permanece desafiante en medio de la devastación. El techo exterior ha desaparecido, gran parte de la mampostería se ha derrumbado y muchas de las estatuas han sido destruidas o deformadas en formas grotescas y torturadas. Pero en su núcleo y forma, la Catedral sigue siendo un testimonio de resistencia. Las torres, aunque marcadas, se mantienen fuertes y dignas, y su solemne presencia permanece inquebrantable. Sí, el daño es inmenso (las intrincadas tallas, las ventanas de vidrio y los interiores decorativos han desaparecido en su mayoría), pero la integridad estructural de la catedral ha resistido el ataque de la artillería alemana. Nunca volverá a ser lo mismo, pero existe: sigue siendo un modelo de desafío frente a obstáculos abrumadores.

Los alemanes, quizás frustrados, parecen utilizar la Catedral como blanco de su furia. Le disparan proyectiles no porque tenga algún valor estratégico, sino porque representa algo que desprecian: un símbolo del orgullo y la civilización franceses. Los franceses intentaron protegerlo quitando parte del vidrio, pero cada vez que lo hacían, llegaban proyectiles alemanes. El implacable bombardeo de artillería continúa, con 3.000 proyectiles cayendo sobre o cerca de la Catedral en un período de 24 horas, pero la estructura perdura. Las fuerzas alemanas utilizan metralla, en lugar de proyectiles altamente explosivos, en su ataque, dejando claro que desean atormentar, pero no destruir, la Catedral. Es un gesto inútil: un vano intento de romper algo irrompible.

Cuando llegué por primera vez a la Catedral me dijeron que habían pasado unos días de calma. Pero a mi regreso a la mañana siguiente, cinco proyectiles más habían caído en los alrededores. Vi de primera mano los daños causados por un proyectil de 155 mm que explotó en la base del muro oriental. Había estado allí la noche anterior y el agujero ciertamente no estaba allí entonces. Lo inspeccioné a las 8:20 a. m., apenas dos horas después de su creación, y un repartidor de periódicos me ofrecía el periódico de la mañana justo al lado. Los restos del bombardeo estaban recientes, pero la Catedral, sorprendentemente, permaneció en pie.

Más tarde ese día almorzamos en un hotel de Reims, que había reabierto recientemente tras un período de cierre. Nos atendieron la casera y su familiar, ambos todavía de luto. A pesar del reciente bombardeo, el ambiente en el hotel era extrañamente tranquilo. Las mujeres avanzaron entre la destrucción con estoica indiferencia, y continuaron atendiendo a sus invitados con profesionalismo, como si nada hubiera pasado. Su compostura ante tal devastación fue inspiradora. Afuera brillaba el sol y la vida, aunque alterada, parecía continuar. Los perros jugaban en las calles y los niños deambulaban bajo los árboles. Aunque la ciudad fue golpeada, la resistencia de su gente era evidente.

Durante el almuerzo, se nos unieron varios oficiales, hombres que habían luchado en las batallas del Marne y del Aisne, y en las trincheras. A pesar de sus aterradoras experiencias, ninguno resultó herido. Hablaron con gran sofisticación y calma de los horrores que habían presenciado, pero también expresaron su admiración por la valentía y el heroísmo de los soldados y civiles franceses. Un oficial compartió una historia sobre un soldado que, cuando quedó atrapado en campo abierto entre líneas enemigas, continuó gritando "¡Vive la France!" a pesar de recibir varios disparos. Su coraje era inquebrantable, incluso cuando su cuerpo estaba acribillado a balazos.

Después de la comida, continuamos nuestro viaje por el campo devastado por la guerra, pasando por pueblos y campos que habían sido transformados por la guerra. Todo lo que nos rodeaba parecía estar al servicio del conflicto, incluso las actividades más mundanas. Y, sin embargo, en medio de la destrucción, hubo momentos de extraña belleza: un huerto floreciendo bajo un sol brillante o un sendero bordeado de árboles que nos llevaba hacia lo desconocido. A medida que nos acercábamos a Arras, la presencia de la guerra era innegable, pero la vida (de alguna manera) continuaba, a pesar de todo.

Cuando finalmente llegas a Arras, no hay duda de la magnitud de la devastación que ha sufrido la ciudad. A diferencia de Reims, que ofrece una fugaz ilusión de lo que era antes, Arras revela su verdadero estado inmediatamente. La primera calle que encuentras es un escenario de absoluta desolación, vacía y siniestra. Cortinas mugrientas cuelgan en forma de sábanas hechas jirones, sobresaliendo de las ventanas rotas. Dondequiera que se mire, los restos del fuego de artillería son evidentes. Fragmentos de edificios están esparcidos por las calles y aceras, intercalados con parches de hierba que crecen donde alguna vez hubo casas. A medida que continúas por la ciudad, llegas a una gran plaza circular, que alguna vez fue grandiosa pero ahora está en ruinas. Todos los edificios que lo rodean se encuentran en las mismas lamentables condiciones y hay un silencio inquietante que flota en el aire. En los breves momentos entre los atronadores disparos de los cañones, el único sonido que rompe el silencio es el susurro de las persianas y cortinas que revolotean contra los marcos vacíos de las ventanas, o el débil y lento golpe de una contraventana suelta. Ni un solo gato deambula por las calles. Estamos completamente solos, acompañados únicamente por un pequeño grupo de oficiales del Estado Mayor, nuestros guías reacios a través de este paisaje devastado por la guerra. No podemos evitar la sensación de que somos intrusos, profanando un lugar que alguna vez estuvo lleno de vida.

Frente a nosotros, un proyectil impactó contra una casa, arrancándole toda la fachada. A través del enorme hueco podemos ver el salón de la planta baja y, encima, el dormitorio. La cama está cuidadosamente hecha, las sábanas blancas aún impecables, como si no hubieran sido tocadas por el caos exterior. Curiosamente, todo permanece inquietantemente quieto. Los muebles, a pesar de la pendiente del suelo, aún no se han caído a la calle. El dormitorio parece una exposición en un museo, como si fuera el dormitorio de una persona famosa expuesto a los turistas: intacto, conservado, pero muy alejado de su función original. Afuera, algunas sillas han sido derribadas de la casa y yacen boca abajo en la calle, entre los escombros, sin ser tocadas. En todas direcciones, las calles se bifurcan, pero están silenciosas y cubiertas de hierba y ruinas.

"¡Mira la fortaleza que tengo aquí!" dice el oficial al mando con amarga ironía. "Observe su importancia estratégica. Está abierta por todos lados. Se puede entrar directamente, como si fuera un molino de viento. Y aún así, la bombardean. Ayer dispararon veinte obuses cada minuto durante una hora contra la ciudad. Destrucción completamente inútil . ¡Pero así son!"

Nos adentramos más en la ciudad y las escenas se vuelven aún más extrañas. Una casa se reduce a nada más que un tejado, que ahora forma una especie de arco triunfal. A su alrededor, las plantas en macetas (aún en flor) están colocadas contra las paredes o colgadas de los marcos de las ventanas. Las calles están cubiertas por una fina capa de vidrio en polvo. Los cables de teléfono y telégrafo cuelgan en hebras gruesas y enredadas, que recuerdan a telas de araña abandonadas, y a menudo bloquean tu camino y te obligan a esquivarlos. Los sonidos de cosas que se mueven o caen dentro de los edificios en ruinas son constantes, creando una atmósfera inquietante. Entonces, de repente, un sonido atraviesa el silencio: el llanto de un bebé. Es un duro recordatorio de que la ciudad, a pesar de la destrucción, no está completamente abandonada. Una mujer sale de su casa y cierra con cuidado la puerta detrás de ella. ¿Lo está protegiendo contra la amenaza de proyectiles o para mantener alejados a los ladrones? Mientras caminamos, notamos tuberías que emergen del pavimento, emitiendo humo azul. Estas tuberías son la señal exterior de que los pocos habitantes que quedan han convertido sus sótanos en espacios habitables improvisados: salones y dormitorios que ofrecen cierta apariencia de seguridad.

Descendemos a uno de esos refugios subterráneos. El salón de la planta baja, con sus finos muebles, ha sido devastado por un proyectil, mezclando ricas tallas con pedazos de paredes destrozadas y cortinas bajo una capa de polvo. Pero los barrios subterráneos, con su robusto techo arqueado y su apariencia sólida, están bien organizados, ordenados y sorprendentemente acogedores, y ofrecen un mínimo de comodidad en medio del caos. La entrada está cuidadosamente protegida, protegiendo a los habitantes de nuevos bombardeos.

"Aun así", dice el propietario encogiéndose de hombros, "un proyectil de 210 mm lo atravesaría todo. Sería nuestro fin". Levanta las manos con resignación, su fatalismo casi iguala al de la propia ciudad, un lugar con una larga historia de sufrimiento. Arras ha sido asediada y devastada en innumerables ocasiones. Los vándalos originales la atacaron repetidamente, seguidos por los francos, los normandos en el siglo IX y varios otros invasores. En el siglo XV, Carlos VI la asedió durante siete semanas sin éxito, y bajo Luis XI fue brutalmente maltratada. Al final, cayó bajo dominio español, sólo para ser recuperada por Francia en 1640 después de otro asedio. Desde entonces, la ciudad ha tenido períodos relativamente tranquilos, salvo por la Revolución y, por supuesto, la devastación actual. Los que han permanecido aquí parecen haber heredado una notable capacidad para soportar el sufrimiento.

En la calle donde vimos por primera vez las chimeneas de las estufas que se elevaban desde la acera, aparece un cartero, vestido con el uniforme postal francés, con la conocida cartera negra colgando de su cintura y un bolígrafo detrás de su oreja. Se mueve de casa en casa, entregando cartas de una manera que parecería normal en cualquier otra ciudad, excepto que aquí simplemente desliza las cartas a través de los marcos vacíos de las ventanas, sin tocar nunca. Es una imagen impactante, a la vez ordinaria y surrealista, un testimonio de la persistencia de la vida en medio de la ruina.

Continuamos nuestro recorrido y llegamos a la Catedral de St. Vaast, una imponente estructura de la ciudad que destaca incluso en su estado de ruinas. Aunque no es muy elogiada por los críticos de arquitectura, el enorme y sencillo estilo barroco de la Catedral de Arras la convierte en una candidata perfecta para soportar la peor parte del bombardeo. Sus vastas y planas superficies han absorbido innumerables golpes, pero la fuerza del edificio permanece. Las cicatrices del bombardeo son claramente visibles, pero no disminuyen la grandeza de la Catedral. En todo caso, aumentan su sombría belleza, convirtiéndolo en un símbolo de devoción religiosa en medio de la destrucción. Los comandantes alemanes que bombardearon este sitio sólo contribuyeron a la trágica magnificencia de la catedral. A pesar de la devastación, la presencia de la Catedral es majestuosa e inquietante, mucho más llamativa que la famosa Catedral de Reims.

En el crucero norte, un proyectil de 325 mm ha creado un agujero lo suficientemente grande como para permitir el paso de una criatura gigante. Sin embargo, incluso en medio de estos escombros, hay una yuxtaposición increíble: cerca, una cafetería permanece casi intacta. Los vasos, tazas y sillas siguen ahí, cubiertos de polvo, exactamente como los dejaron. Se podría pasar fácilmente por una ventana para coger un vaso, pero la escena está absurdamente quieta, como si la ciudad se hubiera congelado en el tiempo. Cerca de allí, una casa antigua muestra sus vigas expuestas, mientras una viga ha caído del techo y ahora arde al aire libre, consumida por las llamas.

A pesar de la destrucción, la vida persiste. Más adelante, nos encontramos con una verdulería, todavía abierta y en funcionamiento, que ofrece una extraña apariencia de normalidad en un mundo por lo demás devastado. A medida que rodeamos la Catedral y llegamos al Ayuntamiento, nos encontramos con más ruinas. Construido en el siglo XVI y cuidadosamente restaurado en el XIX, el Ayuntamiento se encuentra actualmente en ruinas. Detrás, un automóvil abandonado, cubierto de óxido, sirve como triste símbolo de la desolación circundante. El vehículo, intacto por el tiempo, permanece en silencio en medio de la guerra en curso, un conmovedor recordatorio del silencioso sufrimiento de la ciudad.

A la derecha del Ayuntamiento, nos encontramos con un espectáculo extraño: hileras de montículos de ladrillos, piedras y escombros. Estos montículos no se parecen a casas, ni siquiera a nada reconocible como humano. Son simplemente montones de escombros, que marcan los restos de lo que alguna vez fue la calle más importante de la ciudad. La calle, llena de vida y comercio, ha desaparecido y su carácter ha sido borrado por los implacables bombardeos. Puede que con el tiempo se reconstruya, pero nunca volverá a ser lo mismo.

Curioso, pregunto: "¿Cómo se llama esta calle?"

Ninguno de los agentes del grupo recordaba el nombre de la principal calle comercial de Arras, y no había ningún lugareño a la vista a quien preguntar. Era como si el nombre mismo de la calle se hubiera desvanecido, como borrado de la memoria, al igual que los edificios que alguna vez estuvieron allí. A pesar de buscarlo en guías de viaje, enciclopedias y mapas, siguió siendo esquivo: perdido en la historia, escondido en algún lugar profundo del tiempo.

La devastación de la calle no fue su propia desgracia; simplemente estaba en el camino de la artillería alemana apuntada hacia el Ayuntamiento. La destrucción que sufrió fue consecuencia de un foco militar que no tuvo nada que ver con la calle en sí, sino con el Ayuntamiento, que se convirtió en el objetivo principal. Los alemanes no tenían ningún interés militar en el Ayuntamiento: no tenía ningún valor estratégico. Sin embargo, era la estructura más grandiosa de Arras, amada por los lugareños y con un encanto insustituible. Esto lo convirtió en un objetivo simbólico. Parecía como si, en lugar de apuntar directamente al Ayuntamiento, los alemanes lo estuvieran atacando indirectamente infligiendo daño a todo lo que lo rodeaba, como si mantuvieran como rehén al hijo de un soldado y amenazaran con mutilarlo a menos que el soldado se rindiera. Ya sea que esta acción fuera resultado de la lógica militar o de pura locura, fue un ataque deliberado a algo que significaba tanto para el pueblo.

Al llegar al frente del Ayuntamiento, pudimos comprobar claramente cuánto habían concentrado sus esfuerzos los alemanes en él. El Ayuntamiento se encontraba al borde de una vasta e impresionante plaza porticada, cuya arquitectura uniforme era inconfundible de la época de la ocupación española. Al mirar esta plaza, y su gemela casi idéntica a poca distancia, quedó claro que Arras alguna vez fue una ciudad noble, llena de grandeza. Sorprendentemente, la plaza misma apenas había sido tocada por el bombardeo. No se desperdiciaron proyectiles en la plaza, ya que los alemanes habían concentrado todo su fuego en el Ayuntamiento, asegurándose de que la estructura más valiosa permaneciera en ruinas.

Desde el otro lado de la plaza, me paré bajo la arcada para protegerme de la lluvia y dibujé un boceto del Ayuntamiento en ruinas. Cuando comparé mi boceto con un antiguo grabado de la misma escena, la destrucción se hizo aún más evidente. La columnata de la planta baja aún conservaba algunos arcos, sus contornos intactos, pero la parte superior de la fachada estaba reducida a escombros, quedando sólo un fragmento de un muro, dejando al descubierto dos huecos de ventanas. Todo el techo había desaparecido y la posterior ampliación a la izquierda del edificio había sido completamente eliminada. La mampostería tallada anterior a la derecha del Ayuntamiento todavía estaba en pie pero gravemente dañada. El otrora orgulloso campanario, que había sido el más alto de Francia con casi 250 pies, ya no estaba. Lo que quedó fue un muñón dentado, como el diente roto de un gigante, que obstinadamente alcanzaba unos pocos pies más que la línea original del techo. Alrededor de las ruinas, montones de basura y escombros crearon una escena sombría.

Recordemos que Arras está en Francia, no en Alemania. Este hecho es significativo porque, en ese momento, Alemania supuestamente estaba librando una guerra defensiva, protegiendo sus fronteras y defendiendo lo que consideraba los más altos ideales de civilización. Sin embargo, aquí estábamos, en Arras, una ciudad francesa que había sufrido un nivel de destrucción sin paralelo en Alemania. Los alemanes habían avanzado a través de Bélgica y Francia, no para conquistar, sino para "defenderse". Y al hacerlo, borraron la belleza de Arras, convirtiéndola en un páramo irreconocible, todo en nombre de la preservación de su propia civilización. Es difícil comprender cómo los alemanes podrían justificar tales acciones si realmente estuvieran defendiendo sus hogares. ¿Qué habría pasado, uno se pregunta, si hubieran estado librando una guerra de conquista y destrucción? ¿Habrían ido más lejos?

No soy partidario de la venganza o las represalias, pero es difícil ignorar la dura realidad. Alemania debe comprender el alcance total de la destrucción que ha causado. La mejor manera de entender esto sería si, al final de la guerra, una de sus propias ciudades (por ejemplo, Colonia) quedara en un estado similar al de Arras. Esto podría ser duro para Colonia, pero no sería más severo que lo que Arras había soportado. Además, se cree ampliamente que las dificultades de la guerra sacan a relucir lo mejor del carácter de una nación. Si esto es cierto, entonces la guerra, con todo su sufrimiento, es de algún modo un mal necesario. Sin embargo, habiendo visto la devastación en Arras, no puedo negar que, sin dudarlo, cambiaría los ingresos de un año por ver Colonia reducida al mismo estado. Este deseo, aunque quizás injustificable, surge de ver de primera mano la destrucción total de un lugar que alguna vez estuvo lleno de vida y belleza.

Mientras continuamos nuestro recorrido por la ciudad, pasamos calle tras calle donde no quedaba ni un solo edificio intacto o habitado. Estas calles, a primera vista, parecían estar en silencio, como si los residentes estuvieran dentro de sus casas, esperando que pasara el caos. Pero dentro no había nadie. No había nadie en absoluto. Todo el barrio estaba desierto, un pueblo fantasma. La soledad era opresiva e inquietante. Todas las ventanas estaban rotas, todas las paredes desconchadas y secciones enteras de algunos edificios habían sido completamente derribadas. Un edificio reveló sus seis habitaciones, cada una expuesta a los elementos, con el papel tapiz que alguna vez fue fino y ahora se está desmoronando. El propietario de este lugar tenía una aparente afición por las estufas de antracita, ya que cada una de las seis chimeneas contenía una, todas milagrosamente intactas. La oficina de correos había sido destruida, reducida a un montón de escombros.

A continuación llegamos a la estación de tren, construida por la Compagnie du Nord en 1898, una estructura relativamente moderna. Su fachada era impresionante, pero ahora estaba marcada por agujeros de proyectiles de todos tamaños. Un proyectil había rozado por poco la ornamentada fachada de la estación, arrancando algunas de las decoraciones. Cada panel de vidrio estaba hecho añicos y los herrajes estaban cubiertos por una gruesa capa de óxido. Las señales de la estación, que normalmente guiarían a los pasajeros, estaban inquietantemente quietas. Se podía mirar directamente a través de la estación como si fuera un esqueleto vacío. El silencio interior, interrumpido únicamente por el distante sonido de la artillería, era antinatural y escalofriante. En los andenes, las marquesinas de cristal para los pasajeros estaban destrozadas en pequeños fragmentos y los herrajes ahora estaban cubiertos de óxido. Los postes de señales permanecían desolados y abandonados, su propósito había quedado sin sentido por los escombros. Incluso las propias vías del tren estaban cubiertas por una vegetación desenfrenada, una jungla que se arrastraba sobre los rieles. Esto, nos dijeron, fue el resultado de la guerra defensiva de Alemania, una guerra librada para proteger la patria y sus supuestos ideales. La realidad, sin embargo, fue una ciudad transformada en unas espeluznantes ruinas, un testimonio del devastador coste de la guerra. Esta escena se desarrolló el 7 de julio de 1915, un día que quedará grabado en la memoria de todos los que la presenciaron.

IV EN LOS PUÑOS

Anteriormente he mencionado la naturaleza aparentemente vaga y casual de la guerra cuando se lleva a cabo en una escala tan vasta que resulta casi insondable. Cuando estás con un oficial de Estado Mayor, puedes observar casi todo de primera mano. Si bien estoy seguro de que hay ciertos asuntos que se mantienen ocultos para usted, en general, se le da acceso a casi todo lo que es visible. Por supuesto, no hay posibilidad de escudriñar la mente del General, que contiene la clave de las estrategias que darán forma al curso de la historia. El General puede hablar extensamente sobre el pasado o el presente, ofreciendo reflexiones esclarecedoras. Pero cuando se trata del futuro, se mantiene callado. Si está ubicado cerca del centro del frente, podría decirle, con su manera tranquila, que se espera un movimiento significativo en las alas. Por el contrario, si está situado en una de las alas, le asegurará, con la misma suavidad, que pronto podrá desarrollarse un movimiento importante en el centro. No te sientes decepcionado por tales respuestas, porque sabes que las preguntas que planteas merecen precisamente esas respuestas. Sin embargo, a pesar de esto, hay una inconfundible sensación de decepción al no poder captar ni siquiera el momento presente: los acontecimientos abrumadores que se desarrollan a tu alrededor, golpeando tus oídos y nublando tu visión.

Tomemos, por ejemplo, el sonido de las armas de fuego. No me refiero al persistente y casi continuo estruendo de los disparos que parece resonar en todas direcciones, sino al sonido particular de un grupo específico de armas. Pregunto por ellos y, a veces, incluso los oficiales del Estado Mayor dudan antes de decidir si pertenecen al enemigo o a las fuerzas francesas. Generalmente, un civil puede distinguir a un enemigo disparado por el aterrador y silbante sonido del proyectil cuando se precipita hacia él. Por otro lado, un proyectil francés que se aleja de él se queda en silencio antes de que el ruido de la explosión llegue siquiera a sus oídos. Podría encontrarme atrapado entre un grupo de cañones alemanes y un grupo de cañones franceses, casi equidistantes de ambos.

Una vez que me han informado sobre el tipo de armas y su calibre, y tal vez incluso sobre la ubicación aproximada de estas armas en el mapa del Estado Mayor, me doy cuenta de que este conocimiento no me acerca a comprender el alcance total de la situación. Localizar realmente estas armas podría requerir medio día de esfuerzo, e incluso cuando las encuentro, no descubro más que unas pocas piezas de maquinaria escondidas en un refugio improvisado, operando de forma aislada con la ayuda de unos pocos hombres empapados de sudor. . El proceso está muy alejado de la imagen de guerra que cabría esperar. Se carga un elegante proyectil en el arma, seguido de una explosión ensordecedora y el proyectil desaparece sin dejar rastro. Nadie en el refugio parece preocupado por dónde fue o qué hizo. Cerca hay un teléfono, pero lo único que emana de él son números, jerga técnica y, ocasionalmente, una reprimenda, lo que lleva a los hombres sudorosos a hacer pequeños ajustes en el arma o en la siguiente ronda de municiones.

No entiendo el objetivo, ni tampoco los hombres que manejan las armas. Soy libre de aventurarme en busca del objetivo. Me lo señalan. Quizás sea un edificio o un grupo de estructuras, o podría ser algo completamente diferente. En el mejor de los casos, no es más que un punto distante en el extenso y complicado terreno. Desde mi punto de vista, observo una leve nube de humo, tan delicada e inofensiva como una pluma flotando en el aire. En ese momento, no puedo evitar preguntarme: ¿Alguien realmente puede esperar que estos hombres, operando su ruidoso artilugio en una cabaña cerrada muy detrás de las líneas, apunten con precisión a esa pequeña y lejana marca roja en la estructura distante? E incluso si, por algún milagro, logran alcanzarlo, ¿qué importancia tiene ese objetivo en particular en el gran esquema del conflicto? ¿Qué impacto podría tener su destrucción en el curso más amplio de la guerra? Aquí es donde la guerra se siente inexplicablemente vaga y desconectada, porque incluso un simple fragmento de ella está más allá de la comprensión, y las partes individuales de ese fragmento no logran encajar en un todo coherente. Recuerdo estar en una trinchera de primera línea, escuchando los furiosos disparos a mi alrededor y, sin embargo, no ver nada, no entender nada de la batalla que se desarrollaba en la distancia.

La misma sensación de desconexión se aplica a los movimientos de tropas. Por ejemplo, una vez estaba durmiendo en una ciudad detrás de las líneas del frente cuando me despertó abruptamente, no por el rugido habitual de un avión sobre nuestras cabezas, sino por una intensa sacudida y estruendo del propio hotel. Este temblor persistió durante un largo período de tiempo, desde poco después del amanecer hasta aproximadamente las seis de la tarde, para volver a comenzar poco después. Me levanté de la cama y me aventuré a salir, solo para descubrir que toda la ciudad temblaba y vibraba. Por allí pasaba un regimiento que viajaba en autobuses. Cada autobús llevaba alrededor de treinta soldados y los autobuses se sucedían a intervalos de no más de treinta metros. Los autobuses, pintados en un gris apagado que recordaba a los acorazados, eran casi idénticos, excepto por el hecho de que algunos tenían techos permanentes, mientras que otros sólo tenían techos temporales. Algunos presentaban ventanas de mica, mientras que otros tenían agujeros abiertos en los laterales.

Todos los autobuses transportaban el mismo número de soldados y en cada uno los rifles estaban apilados exactamente de la misma manera. Cuando un autobús se detuvo, todos los demás hicieron lo mismo. Los soldados saludaban y sonreían a las jóvenes que se encontraban en las ventanas o en las calles. Todo el pueblo estaba despertando. Por muy temprano que uno se levante en esos pueblos, el día ya ha comenzado para todos los demás.

Los soldados, vestidos con sus uniformes azul pálido, parecían jóvenes, enérgicos y algo desgastados por los viajes. Sus rostros, sus bigotes, sus cabellos e incluso sus orejas estaban cubiertos de una espesa capa de polvo. Era evidente que llevaban horas moviéndose. Los autobuses seguían emergiendo de la niebla polvorienta en el otro extremo de la ciudad y desaparecieron al doblar la esquina cerca del Ayuntamiento. De vez en cuando pasaba el coche de un oficial o un vehículo con un par de enfermeras, interrumpiendo brevemente la procesión, pero pronto los autobuses continuaban, uno tras otro. La impresión que dejó fue que todo el ejército francés marchaba por la ciudad. El ruido, las vibraciones, los traqueteos, todo parecía reverberar en mis nervios. Finalmente pasaron dos camiones de reparación y la procesión pareció detenerse. No podía creer que todo hubiera terminado realmente, pero el silencio que siguió fue casi abrumador.

Lo que había presenciado eran sólo dos regimientos que pasaban por la ciudad, de los cientos que componían el ejército francés. ¡Dos regimientos! Sin embargo, nadie podía decirme de dónde venían, cuál había sido su misión, hacia dónde se dirigían o cuál era su papel específico en el plan de batalla más amplio. Se movían con un aire de falta de rumbo, muy parecido a una bandada de pájaros volando a través de un vasto paisaje.

Pero entre los distintos movimientos, hubo escenas más conmovedoras. Una de las vistas más sorprendentes y conmovedoras que encontré en el frente fue la marcha de un regimiento hacia un pequeño pueblo rural en una hermosa y luminosa mañana de verano. Primero vino la banda del regimiento, con sus instrumentos de metal deslustrados y maltratados, y los músicos llevaban extraños paquetes atados a sus mochilas. No se trataba sólo de músicos, sino también de soldados, vestidos con uniformes desgastados y sucios. A pesar de su evidente cansancio, marcharon con cierta dignidad, tocando una melodía animada. Los seguían los ciclistas, que iban a la par de las tropas que marchaban. Luego llegó un oficial a caballo, seguido por el cuerpo principal del regimiento. Muchos de los rifles tenían las culatas envueltas en telas andrajosas. Cada soldado llevaba todo lo que había logrado llevar consigo a la campaña, incluido un par de prismáticos. Los hombres cargaban con una variedad de equipos rotos, desgarrados y remendados. Su cansancio era evidente a cada paso, sus rostros estaban pálidos y demacrados. Entre ellos se encontraba un joven oficial que apenas parecía capaz de caminar, como si cada paso le quitara todo. Se movía como si estuviera en trance, sus movimientos eran lentos y laboriosos, tal vez por puro cansancio. De vez en cuando, se izaba una bandera triangular para señalar las posiciones de diferentes empresas en las trincheras. El regimiento había salido de las trincheras, aunque nadie podía decir de cuáles.

Lo que siguió fue una procesión de apoyo logístico: unidades de la Cruz Roja, caballos, cocinas de campaña, carros, ametralladoras y municiones. Mientras se preparaban las comidas, salía vapor del equipo de cocina. Incluso en medio de la guerra, el regimiento parecía autosuficiente y administraba sus propios alimentos, suministros médicos y municiones sin fanfarrias ni ceremonias. La marcha no fue una gran reseña, sino el ritmo tranquilo y decidido de una fuerza de combate que soporta las dificultades de la guerra.

Mientras pasaba el regimiento, no pude evitar sentir una profunda empatía por esos soldados. Deseé que aquel joven oficial encontrara un lugar donde descansar, una cama digna donde pudiera recuperarse del cansancio. Era una escena llena de patetismo, pero envuelta en misterio. ¿Cuál fue el papel de este regimiento en particular en la estrategia más amplia ideada por el general Joffre?

A pesar de todo esto, después de algún tiempo en el frente, uno comienza a comprender que, si bien el desarrollo de la guerra puede parecer misterioso, no es ni vago ni casual. Recuerdo haber visitado un pueblo recientemente liberado, que todavía muestra las marcas de su reciente conquista. Los soldados que encontré estaban llenos de energía, pero había una inconfundible sensación de alerta en su comportamiento. Estaban constantemente en guardia, muy conscientes de los peligros que los rodeaban. Mientras explorábamos la aldea, quedó claro que todo había sido meticulosamente organizado: trincheras, fortalezas, ametralladoras, alambre de púas, todo diseñado para resistir los ataques enemigos. El comandante, visiblemente ansioso, se aseguró de que estuviéramos fuera de la vista de posibles francotiradores alemanes, sabiendo que cualquier falta de vigilancia podría tener consecuencias catastróficas.

Se había abierto un camino a través de una hilera entera de cabañas, lo que nos permitía avanzar a lo largo de él. Era como caminar por una calle bordeada de figuras silenciosas y vigilantes. Luego, una voz baja nos advirtió que no habláramos, ya que los alemanes podrían oírnos. Avanzamos con cautela, escudriñando minas profundas, arrastrándonos por pasadizos estrechos y desapareciendo en largos túneles subterráneos. Salimos a un espacio donde los soldados comían alegremente mientras charlaban entre ellos. Cerca de allí, un grupo de hombres practicaba con granadas de mano inofensivas, cuyas explosiones retumbaban en el aire.

Seguí al comandante cuando doblamos una esquina y nos encontramos mirando algo, aunque ya no recuerdo qué era. "No te quedes aquí", dijo, indicándome que siguiera adelante. Casi tan pronto como me alejé, una bala alcanzó la pared donde había estado unos segundos antes. Fue un duro recordatorio del peligro constante que acecha en cada esquina.

El ambiente en el frente estaba cargado de tensión. Había una sensación abrumadora de que todos estaban atrapados en una lucha continua, empujándose unos contra otros como luchadores, cada centímetro de terreno disputado acaloradamente. "Informal" sería la última palabra que uno usaría para describir cualquier cosa que suceda aquí.

En otra ocasión, después de una larga caminata, uno de los capitanes del personal ordenó a un automóvil que nos esperara al final de una carretera. Parte de esta carretera quedó expuesta a la artillería alemana desde varios kilómetros de distancia. Tan pronto como apareció el coche, oímos el inconfundible y siniestro sonido de un proyectil que se acercaba. Cortó el aire y antes de que el sonido chisporroteante se desvaneciera, la explosión resonó en el paisaje. El proyectil, un explosivo de 77 mm de alto, aterrizó con un rugido atronador.

Los alemanes fueron metódicos en sus bombardeos. Durante la siguiente media hora, golpearon meticulosamente el mismo tramo de carretera, lanzando proyectil tras proyectil a intervalos de dos minutos. Cada proyectil cayó a distancias regulares, cada cien metros a lo largo de la pendiente. Desde un refugio cercano observé el bombardeo. Fue una demostración escalofriante de la precisión de los alemanes, aunque, desde mi perspectiva, también me pareció un estúpido desperdicio de municiones. La carretera estaba claramente vacía y, aun así, continuaron disparando.

Naturalmente decidimos no utilizar ese camino. En lugar de ello, tomamos un desvío por una zona boscosa para encontrarnos con el coche en un lugar más seguro. Sin embargo, el camino era inevitable, ya que era la única ruta disponible. El comandante, siempre profesional, no se inmutó ante los peligros. "El coche debe seguir por la carretera", declaró, sin inmutarse. "Déjalo ir".

El hecho de que el coche se utilizara para conveniencia civil y no para operaciones militares no le preocupaba. Seguía siendo un vehículo militar, conducido por un soldado, y tenía una tarea que cumplir. Sus palabras fueron casi juguetonas cuando se volvió hacia el chofer: "Es mejor que te vayas ahora mismo. ¡Te veremos sufrir!". Un oficial subordinado se rió de la situación, aunque pude ver que estaba preocupado.

A pesar de nuestras reservas, el coche siguió adelante. El bombardeo finalmente cesó y el chofer salió ileso, informando más tarde que se habían formado cinco grandes cráteres en la carretera.

En otra ocasión nos encontramos en las trincheras, abriéndonos paso por un laberinto de estrechas y sinuosas trincheras de comunicación en fuerte pendiente. Un momento de descuido (una breve exposición sobre el parapeto de la trinchera) resultó en un bombardeo inmediato de proyectiles altamente explosivos. En ese momento, el cansancio de nuestra caminata, junto con el hambre persistente, parecieron desaparecer. El sonido de los proyectiles silbando sobre mi cabeza me llamó la atención y, de repente, toda la fatiga pasó a un segundo plano.

Los proyectiles continuaron cayendo en nuestras proximidades, acercándose progresivamente. Nos dividimos en parejas y corrimos, manteniendo la distancia entre nosotros, según las instrucciones. Después de cada explosión, hacíamos una pausa, contando cinco segundos, hasta que todos los fragmentos del proyectil se hubieran asentado. No pasó mucho tiempo antes de que un proyectil pareciera caer directamente frente a mí, causando que el suelo temblara violentamente. Sentí el escozor de los vapores de la explosión, pero no había caído directamente sobre mí: había caído justo a mi izquierda.

Me di cuenta de que las trincheras eran maravillas de supervivencia. Sentí la onda expansiva de la explosión, pero la trinchera me había protegido. Momentos después, un amigo recogió un trozo de metralla del caparazón: una bola dentada y multifacética diseñada para causar el máximo daño. Fue un recordatorio aleccionador de que, incluso frente a semejante caos, la guerra no fue casual ni accidental.

Uno de los lugares donde me resultó más evidente la naturaleza brutal e inflexible de la guerra fue Notre Dame de Lorette. La pequeña capilla que se encontraba allí, ahora un símbolo icónico de la guerra, estaba lejos de ser hermosa, al menos según las fotografías. Pero el terreno que lo rodeaba era otra cuestión. El territorio detrás de las líneas del frente estaba meticulosamente organizado, con capas de defensas tanto por encima como por debajo del suelo, diseñadas para resistir la violencia de la guerra. Si bien el diseño del área sigue siendo tácito, puedo decirles que incluía todo tipo de precauciones, desde suministros almacenados de forma segura bajo tierra hasta varios tipos de estrategias defensivas.

Recuerdo haber visto pilas de chimeneas de lámparas enterradas en la tierra, intactas por el tiempo. La escena era inquietantemente completa, una encarnación de la minuciosidad con la que se preparaba la guerra. Entre ellos nos encontramos con prisioneros: dos jóvenes soldados alemanes bajo vigilancia en una pequeña cabaña. Se habían adentrado demasiado en el laberinto de trincheras y se habían perdido. Uno de ellos era un miembro de la Cruz Roja, probablemente un estudiante de medicina antes de la guerra. Estaba polvoriento, cansado y parecía soportar el peso de una misión en la que ya no creía. Empecé a sentir simpatía por él. Su rostro, aunque cansado y sombrío, todavía tenía un rastro de fuerza juvenil.

Pronto nos encontramos con otro prisionero, un chico de no más de veintiún años. Estaba enfermo, cubierto de tierra, con el uniforme hecho jirones, manchado de sangre y agujeros de bala. Alguien le había dado un trozo de pan metido dentro de su túnica. Parecía una sombra de lo que era antes, con los ojos hundidos y agotado. El oficial a cargo lo interrogó, pero el niño tenía poco que decir. Su ánimo parecía destrozado, pero había un innegable alivio en su comportamiento, como si, por fin, estuviera libre de los horrores de la guerra. No pude evitar preguntarme acerca de la mujer que lo había enviado a pelear, tal vez su madre. Su angustia era inimaginable y, sin embargo, en el contexto de la guerra, le habrían dicho que su hijo había muerto por una causa noble.

Más tarde, a medida que dejamos atrás a los prisioneros y sus sombrías historias, nos encontramos con algo más estratégico: un mapa. Este mapa era inmenso, extendido en medio de un claro del bosque. Usando tizas de diferentes colores, marcó el progreso de las líneas del frente: el amarillo muestra el avance hasta mayo, el azul marca nuevos avances en junio y el rojo indica las últimas invasiones, justo la noche anterior.

Los oficiales examinaron el mapa con orgullo, señalando posiciones clave. Sus voces, llenas de determinación, hablaban de dónde se desarrollarían las próximas batallas. El mapa era un testimonio de la presión implacable que se aplicaba a los alemanes. Aunque respetaban la destreza militar del enemigo, los oficiales aquí sentían un particular desprecio por ciertas divisiones alemanas, particularmente las prusianas, a quienes consideraban menos resistentes que las bávaras.

Más allá del bosque, el paisaje era un páramo. El suelo había sido bombardeado implacablemente, dejando nada más que cráteres y metal retorcido. No había árboles ni vegetación, sólo desolación. Las trincheras de comunicación que seguimos nos condujeron a través de esta tierra árida, donde no podía crecer ni una sola brizna de hierba. Los interminables bombardeos habían esterilizado la tierra.

Mientras continuamos nuestro viaje, nos encontramos con soldados que nos contaron sus historias. Un capitán contó cómo, el 9 de marzo, él y sus hombres habían luchado para mantener su posición a pesar del agua helada y el hielo en la trinchera. "No nos rendimos", dijo con orgullo, "pero perdimos veinte hombres y veinticuatro más tenían los pies congelados". Para él, esa fecha había marcado un punto de inflexión en su vida.

Más adelante nos encontramos con otro oficial hablando urgentemente por teléfono, indicando a sus hombres dónde disparar. A nuestro alrededor, la guerra se desarrollaba en tiempo real, con los soldados todavía comprometidos en la lucha por un territorio que parecía escaparse de sus dedos.

Luego llegamos a un lugar donde podíamos ver los llanos. Pueblos en ruinas, devastados por el conflicto, salpicaban el paisaje. Souchez, St. Eloi, Angres: nombres ahora infames en todo el mundo por el derramamiento de sangre que habían presenciado. Sin embargo, destacó el pueblo de Ablain St. Nazaire. Una vez fue una comunidad próspera, ahora era poco más que una colección de vigas ennegrecidas y estructuras destrozadas. Su iglesia, una cáscara hueca, se alzaba como los restos de un esqueleto. Para aquellos soldados que habían luchado y muerto allí, esta aldea nunca volvería a ser la misma.

V. Líneas británicas

Imagínese una vasta llanura, pero no vacía. Tampoco es una extensión árida y carente de vida o elevación. Más bien se trata de un paisaje salpicado de colinas, entre las que destaca una especialmente destacable, coronada por un encantador casco antiguo que ofrece amplias vistas de los alrededores. Esta extensión está lejos de ser monótona. Está ricamente arbolado, bien cultivado y de ninguna manera está desolado. La llanura está llena de pueblos esparcidos por ella y los pequeños pueblos comerciales nunca están demasiado lejos unos de otros. Estos asentamientos están interconectados por una red de carreteras, muchas de ellas pavimentadas, y canales, con un número respetable de ferrocarriles que los atraviesan.

Desde una vista aérea lo primero que destaca es la abundancia de árboles. Sus cimas redondeadas parecen dominar el paisaje, y sólo las cimas de las torres de las iglesias se elevan sobre este dosel verde. Otras formas de arquitectura son menos prominentes y visibles sólo entre el follaje. Los tonos predominantes del paisaje son tonos de verde y gris y, a menudo, el cielo refleja esta paleta, pesado y nublado. El marcado contraste entre el norte de Francia y el sur de Bélgica es sutil, marcado únicamente por el lenguaje en los carteles de las tiendas y los menús de las cafeterías; por lo demás, las dos regiones tienen un parecido sorprendente en sus características físicas y culturales.

La presencia británica en esta tierra es notable, distinguida por una mezcla de civilidad formal y calidez subyacente. La ocupación es a la vez llamativa y discreta, un equilibrio entre orden militar y conexión humana.

Destaca un encuentro en particular. Mientras estaba sentado en la calle de un pueblo, disfrutando de una comida al aire libre de sándwiches de mermelada, con un automóvil como buffet, le pregunté a un niño desaliñado que jugaba con un pequeño terrier: "¿Cómo llamas a tu perro?" Él respondió con una sonrisa tímida pero orgullosa: "Tommy". El campo, atravesado por líneas de telégrafo y teléfono, rebosa de una visible sensación de estructura, sobre todo en forma de señales de tráfico. Los carteles son grandes y directos, siendo uno de los más comunes la orden "Camiones a toda velocidad", que se muestra en negrita con el telón de fondo de calles extranjeras. En casi todas las intersecciones transitadas de las ciudades, los soldados actúan como directores de tráfico, asegurando el flujo fluido de un volumen impresionante de vehículos.

Las carreteras están constantemente congestionadas y repletas de transporte mecánico. La magnitud del tráfico es abrumadora y los camiones monopolizan las carreteras. Estos enormes vehículos, con su tamaño desgarbado, crean caos cuando se enredan con otras formas de transporte: automóviles, repartidores en motocicletas, carros campesinos y soldados en marcha. El resultado es un atasco mucho más caótico que el que uno podría encontrar en el bullicioso centro de una ciudad, como Piccadilly Circus, antes de un espectáculo de teatro. Los camiones, aunque voluminosos, a menudo contribuyen al atasco no sólo por su tamaño, sino también por el comportamiento de los soldados que viajan en ellos. Cada camión suele llevar dos soldados delante y uno detrás. Sin embargo, el soldado solitario que va detrás, al sentirse aislado, a menudo salta al asiento delantero para unirse a sus camaradas, creando un cuello de botella detrás de ellos mientras otros vehículos intentan desesperadamente pasar. Sólo cuando el coche de un oficial del Estado Mayor se ve afectado, los soldados regresan a regañadientes a sus respectivos asientos, tras una breve pero dura reprimenda.

Esta actividad bulliciosa y desordenada en las carreteras pinta la imagen de una máquina intrincada y bien engrasada funcionando en segundo plano. Es un sistema tan vasto y multifacético que inmediatamente recuerda al hombre que es la figura central de esta organización: el comandante supremo. Aunque no es esquivo, su presencia cobra gran importancia. Rápidamente se corre la voz de que estará disponible para reunirse a una hora determinada, y cuando llegas unos minutos antes de lo previsto, te encuentras en una oficina grande, algo austera, con un estilo claramente galo, suavizado por la fuerte presencia de sus colegas anglosajones. -Personal sajón.

Pronto le presentan a los miembros del Estado Mayor, quienes, aunque famosos y renombrados, entran y salen de la oficina con un aire de casual indiferencia. Son expertos y sus nombres son sinónimo de excelencia militar, pero en la sala contigua, más allá de las pesadas puertas dobles, se encuentra el verdadero poder de esta operación. El Comandante en Jefe. Cuando finalmente te permiten entrar en su presencia, el efecto es inmediato: una sensación de asombro y gravedad llena la habitación.

La habitación en sí, que alguna vez fue un salón, todavía tiene indicios de su antigua elegancia, con paredes revestidas de seda y la presencia persistente de un piano de cola en la esquina. En el centro, una mesa grande sostiene un mapa detallado, que se extiende a lo largo de la mesa como un paisaje en miniatura. El hombre en sí es una figura corpulenta, no alta pero sí sólida, con manos y pies pequeños y las uñas desgastadas con carácter. Su corto bigote blanco y sus ojos claros contrastan marcadamente con su tez rubicunda. Destaca especialmente su barbilla, un rasgo casi desafiante. No hay nada demasiado refinado en él; en cambio, su comportamiento es concentrado e intenso, habla con oraciones cortas y reflexivas y camina de un lado a otro, deteniéndose pensativamente entre palabras. Cuando habla del enemigo, particularmente de los alemanes, hay un gesto deliberado, un movimiento desafiante de cabeza que dice mucho de su determinación. Es la postura de un hombre dispuesto a saldar viejas cuentas. Su presencia exuda un aire de tenaz determinación y silenciosa pugnacidad.

Tras una breve conversación, el Comandante en Jefe te despide y, al marcharte, persiste la sensación de haber conocido a una figura legendaria. Pero él no es la única figura importante en esta extensa red militar. Hay otras dos figuras clave, ambas igualmente formidables por derecho propio: el Intendente General, que supervisa el suministro de materiales, y el Ayudante General, responsable del suministro de mano de obra. Junto a él está el Gran Mariscal Preboste, una figura de máxima autoridad, que garantiza la disciplina y defiende el poder de determinar la vida y la muerte.

Cada una de estas figuras opera dentro de una red que se extiende a través de múltiples capas de mando. Cada ejército, cuerpo, división y brigada tiene su propio líder y estado mayor, y todos trabajan incansablemente para garantizar el buen funcionamiento de esta vasta y compleja operación militar. Durante mi tiempo en el campo, tuve la oportunidad de cenar y conversar con varios oficiales de alto rango, todos ellos admirablemente dedicados y en constante movimiento. Rara vez tenían tiempo para relajarse: algunos se levantaban al amanecer y se retiraban sólo después de medianoche. Un general que conocí comentó sobre su hermoso jardín, pero cuando le pregunté si alguna vez lo visitó, respondió con una sonrisa irónica: "Nunca he estado en él".

Por las noches, después de un largo día de trabajo, los generales a menudo partían en sus limusinas y regresaban a sus oficinas para la sesión de trabajo nocturna que se prolongaba hasta las primeras horas de la mañana. El enorme volumen de trabajo y responsabilidad incluso en el nivel más bajo de mando, como el Cuartel General de una División, es asombroso. Cada división comanda alrededor de veinte mil soldados, y el trabajo involucrado es en gran medida administrativo, a menudo mundano y rutinario. Sin embargo, algunos de los trabajos más fascinantes se producen en los departamentos de fotografía y cartografía. Se producen miles de mapas, cada uno de los cuales muestra un aspecto diferente del campo de batalla en distintos momentos, y periódicamente se distribuyen mapas especiales a los oficiales de campo, lo que garantiza que tengan la información más actualizada para guiar sus decisiones.

En cada rincón de esta vasta red, desde los generales hasta los soldados de infantería, hay un enfoque incesante en el orden, la precisión y la eficiencia, lo que refleja la inmensa responsabilidad que asume cada individuo en el mantenimiento del esfuerzo bélico.

Los cobertizos de acondicionamiento y reparación del Royal Flying Corps eran algunas de las estructuras más notables que había visto en mi vida: perfectamente diseñados, no sólo por su propósito práctico sino también con un toque de elegancia. Tuve la oportunidad de visitarlos durante una fuerte tormenta, que sólo aumentó la sensación de asombro. La maquinaria del interior era enorme e impresionante; Los niveles de producción, asombrosos. La organización fue metódica, científica y eficiente, y el personal, amigable y altamente capacitado. Mientras miraba los aviones (esas jaulas llenas de pájaros, como a menudo se les llamaba) y absorbía la esencia misma del vuelo, ya no me resultaba difícil imaginar las extraordinarias hazañas que estos aviadores realizaban a diario, surcando los cielos en todas direcciones. . Un hombre, por ejemplo, sobrevolaba Gante dos veces por semana con la misma regularidad que un tren y nunca había sufrido daños graves. Estos aviadores tenían una ventaja física única, o eso se creía: el ruido de su propio motor ahogaba los sonidos de las explosiones de metralla dirigidas a ellos.

Resulta que el soldado británico estacionado en Francia y Flandes está lejos de ser autosuficiente. Requiere una cantidad increíble de apoyo, más de lo que la mayoría podría imaginar. Una vez vi las raciones de un solo día dispuestas en una bandeja y me pareció una cantidad imposible de consumir de una sola vez. Había carne, abundante tocino, queso, mermelada, pan y verduras. También había té, azúcar, sal, condimentos y, a veces, mantequilla, así como una provisión semanal de dos onzas de tabaco y una caja de cerillas. Pero lo más destacado de la bandeja era sin duda la carne. Además, el soldado necesitaba algo más que comida. Necesitaba combustible, cartas de sus seres queridos, limpieza, ropa y una variedad de suministros de guerra que eran necesarios para la supervivencia y la guerra diarias. Y todas estas necesidades debían satisfacerse, de manera consistente y con gran precisión.

La magnitud de esta demanda sólo puede comprenderse si se consideran los continuos flujos de mercancías que llegan al norte de Francia, no sólo desde Gran Bretaña sino desde todo el mundo. Este flujo de materiales, impulsado por la urgencia de la guerra, es como una fuerza poderosa e implacable: un imán invisible que atrae todo hacia el frente, día y noche. Sería casi imposible rastrear el camino específico o el contenido preciso de estas corrientes, pero hay un punto donde todos convergen: la cabecera del ferrocarril.

Una cabecera de ferrocarril militar puede parecer una pequeña estación de ferrocarril normal y corriente, pero, de hecho, es un centro crucial. Ni siquiera es el final de una línea ferroviaria, aunque sirve como cuartel general de una Columna de Suministros Divisional, una división que es sólo una entre muchas en Francia y Flandes. Esta estación en particular estaba dirigida por un mayor que, a pesar de su uniforme caqui y su uso del lenguaje militar, no era como el estereotipo de mayor de regimiento. Su atención no estaba en la estrategia o el combate sino en el negocio del suministro. Su trabajo consistía en recibir órdenes de las Brigadas de la División, que cambiaban constantemente, y garantizar que esas órdenes se cumplieran en un plazo ajustado de treinta y seis horas. Es posible que este mayor nunca hubiera visto una trinchera, y ciertamente no era hábil con un revólver, pero su experiencia residía en el manejo de los aspectos logísticos de la guerra: asegurarse de que los trenes llegaran a tiempo y que los camiones estuvieran en perfecto estado de funcionamiento. . El honor de su equipo estaba ligado a los ingresos, no a las estrategias de batalla.

Este Mayor era responsable de todo lo que necesitaba su división, excepto agua y municiones. Supervisó la llegada de trenes cargados con suministros, desde alimentos y ropa hasta cocinas de campaña y armas de campaña, e incluso recibió cartas de las esposas de los soldados. Nunca cuestionó cómo llegaron estos artículos; su única preocupación era asegurarse de que los trenes fueran puntuales y que sus camiones estuvieran en óptimas condiciones. Día tras día, toneladas de suministros salían de la cabecera del ferrocarril bajo su atenta mirada, incluidas 280 bolsas de correo enviadas a las tropas en el frente. Sus vehículos eran mantenidos con tal precisión que brillaban como si fueran los motores de un yate de lujo. Era, en cierto modo, el dandismo del Cuerpo de Servicio del Ejército, pero también era vital para el buen funcionamiento del esfuerzo bélico.

Una parte integral de la operación de la cabecera del ferrocarril era el Tren de la Sección de Construcción de Ferrocarriles, que podía tender nuevas vías a un ritmo asombroso: varios kilómetros por día. Este tren autónomo sirvió como depósito, taller y cuartel, todo en uno, asegurando la expansión y el mantenimiento continuos de las líneas ferroviarias que conectaban las líneas del frente con el resto del mundo.

Mientras viajaba por las carreteras, de vez en cuando veía señales toscas clavadas en los árboles con etiquetas como "Forraje", "Comestibles", "Carne" y "Pan". Si esperaba lo suficiente, podía ver una de las corrientes de camiones que salían de la estación ferroviaria detenerse y descargar su carga. En unos instantes, los suministros (ya fuera carne, pan o verduras) desaparecerían tan rápido como habían aparecido, llevados a los campamentos, alojamientos y trincheras. En otra parte del campo, podía presenciar cómo se asaba cordero congelado de Nueva Zelanda en un horno de tierra, una vista que, aunque algo rústica, era extrañamente satisfactoria. La enorme cantidad de comida que se preparaba era asombrosa y me llamó la atención cómo, incluso en un entorno tan primitivo, se podía hacer tanto.

Más allá de los suministros de alimentos, estaban los materiales no comestibles, especialmente en el parque de ingenieros. Allí se encontraban todas las herramientas y dispositivos imaginables relacionados con la guerra, cosas que a menudo eran demasiado complejas para describirlas en detalle pero que eran esenciales para el esfuerzo bélico. Los teléfonos, cascos y otros equipos estaban más allá de lo que la mayoría de los civiles hubieran visto jamás. Y luego estaba el tren de municiones: una visión verdaderamente aterradora. Descargar ese tren significaba manipular todo tipo de municiones, desde cartuchos de rifle hasta enormes proyectiles que fácilmente podían destruir vehículos. Junto a los explosivos, había varios dispositivos pirotécnicos y bombas, algunas de las cuales parecían estar esperando el más mínimo toque para estallar. Los agentes manejaban estos dispositivos con inquietante indiferencia, como si fueran meros elementos de rutina, pero era difícil no sentir una sensación de peligro en su presencia.

Lo más destacable, sin embargo, fue la ausencia de los propios soldados. En las líneas británicas, era casi como si el propio ejército fuera invisible. Se podían ver soldados por todas partes, pero por lo general desempeñaban funciones de apoyo, asegurando que se satisficieran las necesidades materiales de otros soldados. Los combatientes reales eran más difíciles de encontrar, a menudo en pequeños grupos o unidades individuales. En una caminata particularmente larga por el campo, acompañé a un general y caminé por trincheras, sólo para descubrir a dos soldados: un oficial y su subordinado. Pero ni siquiera ellos estaban en primera línea. El oficial pasaba sus días observando el frente alemán a través de un telescopio desde su refugio, donde tenía una cama, un teléfono y algunos objetos personales. De vez en cuando, el teléfono sonaba débilmente, pero cuando pregunté, el celador me explicó que no había nada de qué preocuparse. Era sólo alguien hablando con otra persona.

La tarea del oficial era monitorear una sección específica del frente e informar sobre ella, pero mientras estaba allí, no pude evitar pensar en la vasta extensión de tierra, las colinas y valles que habíamos cruzado para llegar a este punto. y los pedazos de tierra aparentemente triviales que habían sido el foco de tanta violencia. Me hizo preguntarme cuánta sangre se había derramado por terrenos tan pequeños e insignificantes.

El oficial nos explicó meticulosamente cada detalle, proporcionándonos una comprensión profunda del comportamiento de los soldados alemanes, tal como los había observado. Sin embargo, en lo que respecta a sus propios hábitos, permaneció en silencio. No era sólo un oficial; era un mero observador, observando constantemente a través de una estrecha rendija en el dugout, ajeno a cualquier preocupación personal. Su estilo de vida, su comodidad, sus pensamientos (si su cama era incómoda, cómo obtenía su comida o si alguna vez se aburría) fueron preguntas que nunca nos hicimos. Sus estados de ánimo, sus pensamientos privados sobre la vida en el banquillo e incluso la frecuencia con la que recibía cartas fueron cuestiones que no mencionamos. Era una figura enigmática, un hombre definido únicamente por su papel de observador.

Era un oficial bajo y de modales apacibles, su voz era suave, pero había cierta calidez cuando el general, que ya se había despedido, se detuvo al amparo de un follaje cercano. El general, con una leve sonrisa y un movimiento de cabeza, se dirigió a él llamándolo por su nombre: "Buenas tardes, Blank", y su voz estaba imbuida de una calidez inconfundible. Estaba claro que entre ellos había un entendimiento más profundo, un aprecio mutuo que trascendía las meras formalidades. "Sabes... ¿no es así, Blank?... cuánto te aprecio". Las palabras fueron sutiles, pero tenían una profundidad que fue fugaz en el momento. Después del breve intercambio, cuando el general empezó a hablar de los music halls de Londres y de los últimos artistas, volvió la charla normal.

En otra ocasión, me encontré presenciando un espectáculo poco común: veinte soldados preparándose para un verdadero ejercicio de bombardeo. Las condiciones eran tensas, mientras practicaban bombardear una trinchera alemana con explosivos reales. El joven oficial a cargo, aparentemente imperturbable ante el peligro, demostró casualmente cómo manejar las bombas. "Es perfectamente seguro", nos aseguró, "hasta que saque este alfiler". Dicho esto, quitó el seguro y observamos a los hombres marchar hacia la trinchera, preparándose para la explosión. Nos mantuvieron a una distancia segura, escondidos detrás de cualquier cobertura que ofreciera el terreno: nada más que pequeños montículos de tierra. Los centinelas vigilaban, asegurándose de que nadie se acercara demasiado. Nos ordenaron agacharnos y protegernos. Mientras nos acurrucábamos detrás de nuestro refugio improvisado, escuchamos el sonido atronador de explosiones: ¡Bang! ¡Estallido! ¡Bang!, acompañado por el agudo gemido de la metralla cortando el aire sobre nosotros. Cuando el humo finalmente comenzó a disiparse, miramos por encima del borde y vimos a los soldados corriendo hacia adelante, desafiando la trinchera bombardeada. Milagrosamente, ninguno de ellos resultó herido o muerto.

En otro caso más, tuve la rara oportunidad de presenciar a una brigada entera en acción. Varios miles de hombres, acompañados por sus vehículos de transporte, marcharon en perfecta formación, con dos generales observando de cerca cualquier signo de imperfección. La exhibición fue nada menos que majestuosa: una impresionante demostración de disciplina militar. Sin embargo, carecía de la crudeza que esperaba de la guerra. En lugar de sentir la tensión y el caos de la batalla, vi una máquina finamente afinada. Mientras los veía marchar, comencé a preguntarme: si todo el ejército británico marchara a mi lado a este ritmo, ¿cuánto tiempo les tomaría pasar? Calculé que se necesitarían unas tres semanas de observación ininterrumpida, sin pausas para comer, para presenciar toda la fuerza en su totalidad. Fue una comprensión sorprendente, que me hizo aún más consciente de lo esquiva que seguía siendo la verdadera escala de la guerra.

Una imagen más vívida de los militares me vino a la mente cuando visité los baños de una nueva división: el Nuevo Ejército. Allí, los soldados se bañaron, un respiro momentáneo de la suciedad de la guerra. La configuración era sorprendentemente británica, tal vez más de lo que los soldados y oficiales pensaban. Los baños se alojaron en una gran fábrica reutilizada para este fin. Un joven subalterno, sin duda deseoso de unirse a la lucha pero confiado a esta función administrativa, gestionaba los baños. No solo era el encargado de los baños, sino que también supervisaba la operación de lavandería, asegurándose de que los soldados pudieran ponerse ropa interior limpia después del baño. La lavandería empleaba a mujeres y niñas locales, que trabajaban incansablemente a temperaturas extremadamente altas, aunque ninguna parecía flaquear bajo el calor. Después de semanas de estar rodeado por el duro y mecánico mundo de la guerra, las mujeres, con su gracia y encanto, eran un espectáculo bienvenido. Eran impresionantes, tal vez porque ofrecían un recordatorio fugaz del lado más suave y humano de la vida, uno que había estado ausente durante mucho tiempo de nuestra existencia diaria.

Entre los artículos de la lavandería había una peculiar exhibición de museo: una colección de camisas que se habían usado durante los primeros días de la guerra de trincheras, reliquias de la suciedad y la miseria que se habían convertido en parte de quienes las llevaban. Estas camisetas, según los expertos, eran incomparables por su puro desorden. Fue un tributo extraño, casi grotesco, a las profundidades de la guerra.

Los baños en sí eran simples, pero eficientes: grandes tinas humeantes donde los soldados podían limpiar la suciedad del campo de batalla. Doscientos cincuenta hombres podían bañarse, cambiarse y estar listos para el servicio en una sola hora. Grupos más grandes podían pasar en bicicleta en una mañana, aunque la verdadera escala de la operación sólo se hizo evidente cuando vi compañías enteras de soldados marchando, sucios y cansados, y saliendo recién limpios, aparentemente más serenos y confiados. Fue un breve momento de respiro en medio del caos. La masa de soldados que marchaban hacia los baños y los que se alejaban suscitaron una creciente sospecha de que existía un ejército mucho mayor, escondido en algún lugar de los alrededores.

Pero a pesar de estos destellos de los militares en acción, todavía tenía que comprender verdaderamente la inmensidad del Ejército o su compleja infraestructura. Había observado líneas de suministro y corrientes de recursos moviéndose hacia el oeste, de regreso a Inglaterra. Allí, en los hospitales de Boulogne, fui testigo de la siguiente etapa de este viaje logístico. El proceso fue meticuloso y cada paso fue diseñado para garantizar que los soldados recibieran la mejor atención posible, desde el puesto de ayuda hasta la estación de atención avanzada, la ambulancia de campaña y, finalmente, la estación de compensación de heridos. En Boulogne vi un hospital donde miles de soldados recibían tratamiento para sus heridas. Incluso en las estaciones de compensación, el énfasis estaba en mover los casos rápidamente: clasificarlos y enviarlos para recibir atención adicional. Algunos hombres, después de pasar por las etapas iniciales, eventualmente abordarían trenes ambulancia o barcazas, navegando hacia Inglaterra para recibir un tratamiento más intensivo.

En Boulogne, se hizo evidente la magnitud del esfuerzo para atender a los heridos. La lavandería por sí sola era tan grande que había superado a la ciudad y su trabajo se enviaba a Inglaterra para su procesamiento. Pero incluso en este entorno, el objetivo principal era aclarar los casos: llevarlos lo más rápido posible a la siguiente etapa de atención.

Uno de los lugares más llamativos fue el hospital de caballos. Muchos de los caballos resultaron heridos, algunos con heridas de bala, pero fueron tratados con el mismo cuidado y atención que los hombres. La visión de un caballo sometido a una cirugía bajo cloroformo dejó una impresión duradera. El animal, que se negó a despertar después de la operación, fue suavemente persuadido para que volviera a la vida. Era imposible ver al caballo como algo más que una criatura viva que respiraba, no diferente de los hombres que eran tratados por sus heridas.

En los momentos finales de mi estancia en el frente, vislumbré la verdadera escala del ejército británico. Caminé por estrechas calzadas de madera, pasando por muros de sacos de arena que formaban las defensas del frente. A través de un periscopio vi las posiciones enemigas y el alambre de púas que nos separaba. Los hombres entraban y desaparecían de la vista, preparándose para el combate o atendiendo tareas más pequeñas. Los soldados estaban preparados, pero la atmósfera era extrañamente tranquila, alejada del caos del frente. Cuando me separé del mayor, que me había estado guiando por la zona, me sorprendió darme cuenta de lo diferente que era el mundo que había visto del mundo que había imaginado.

"Bueno, ¿qué opinas de nuestras 'trincheras'?" preguntó el Mayor, su voz teñida de expectación.

"Bien", respondí, aunque mi respuesta fue más por costumbre que por entusiasmo genuino. Me pregunté si mi breve respuesta lo había satisfecho.

Al salir, no pude evitar reflexionar sobre lo que acababa de presenciar. Entendí, por primera vez, lo que realmente era la guerra: una máquina compleja e implacable que destrozaba todo a su paso. Sin embargo, todavía no podía quitarme la sensación de que había mucho más debajo de la superficie, oculto a la vista. Y cuando partí, mis pensamientos se dirigieron al viaje que tenía por delante, preguntándome si recorreríamos con seguridad el camino de regreso.

VI: La Ciudad Única

Cuando nos acercábamos a Ypres, nos encontramos con un carro civil cuyo contenido era una mezcla de muebles de una casa modesta y varias piezas largas de molduras doradas para marcos de cuadros. La vista del oro reluciente en el carro llamó nuestra atención en medio del caos. El viento era implacable, fuerte y cálido, levantando el polvo tanto de la carretera como de las vías del tren cercanas, haciendo que el aire se espesara de incomodidad. El lejano estruendo del fuego de artillería era constante, un recordatorio del peligro que nos rodeaba. Una y otra vez nos instaban a pasar rápidamente por determinadas zonas para evitar demorarnos, y los vehículos que nos transportaban recibían instrucciones precisas sobre dónde refugiarnos durante nuestras breves ausencias.

Mientras continuábamos, pasamos por un lugar donde un proyectil había impactado en el suelo junto a la carretera, provocando una lluvia de tierra y piedras que se estrelló contra el techo de un asilo en el lado opuesto. Curiosamente, el asilo en sí parecía intacto y el camino bajo nuestros pies estaba ileso. Sin embargo, los escombros de la explosión cubrieron el techo. A pesar de las señales de destrucción que nos rodeaban, sentíamos poco miedo; las probabilidades de que el fabricante de marcos escapara con sus pertenencias parecían abrumadoramente a su favor. Y efectivamente lo hizo. Aún así, la situación tocó una fibra extraña dentro de mí. Para una mente demasiado sensible y no alemana, parecía casi injusto que el pintor, después de sufrir la pérdida de su medio de vida, tuviera que arriesgar su vida sólo para salvar los restos de su otrora próspera carrera.

Más adentro de la ciudad, cerca de las afueras, vimos a dos hombres trabajando para rescatar tablas del piso superior de un edificio que había sufrido pocos daños. Era casi todo lo que quedaba de la estructura, y trabajaron con determinación, arriesgándolo todo para recuperar estos preciosos materiales. Sus esfuerzos, en el contexto de una destrucción más amplia, parecían casi tontamente heroicos.

Habían pasado casi dos décadas desde la última vez que visité Ypres y, en ese momento, los trabajos de restauración de la ciudad apenas habían comenzado. La restauración de monumentos históricos, incluida la Lonja de los Paños y la Catedral de San Martín, estaba casi terminada cuando estalló la guerra, justo a tiempo para que el conflicto causara estragos. Este hecho, como argumentaron algunos alemanes, reforzó su teoría de que Bélgica, en connivencia con Gran Bretaña, había estado preparándose para la guerra todo el tiempo, una afirmación absurda pero ampliamente difundida. La Grande Place, una de las plazas públicas más grandes de Europa, todavía era reconocible. De hecho, era tan vasto que un transatlántico de tamaño mediano podría caber cómodamente en él. No había otras plazas en Londres o Nueva York donde un barco de 10.000 toneladas pudiera acomodarse tan fácilmente. Incluso un barco de 15.000 toneladas como el árabe cabría, aunque fuera en diagonal.

La Grande Place había sido testigo de gran parte de la historia. En el siglo XIII, era el corazón de una próspera ciudad con una animada población de 200.000 tejedores. Sin embargo, a lo largo de los siglos, una combinación de mala gestión local y agresión extranjera había reducido drásticamente la población de la ciudad. En el siglo XVI, se había reducido a 5.000, y en el siglo XX, se había reducido a poco más de 17.000. Ahora estaba completamente desierto. La ciudad se había vuelto inhabitable. Apenas unos meses antes de mi visita, la ciudad estaba llena de vida. Las personas que habían huido durante la primera oleada de bombardeos comenzaron a regresar, pero su esperanza duró poco. Para la tercera semana de abril, la Grande Place había visto algo de comercio, con puestos que vendían postales que representaban la destrucción de la estación de tren. Pero luego vino el gran bombardeo que, según me dijeron, todavía continuaba.

Para comprender el alcance de la devastación, basta con entrar en la Catedral de San Martín. Esta estructura gótica, construida principalmente en el siglo XIII, había sufrido daños catastróficos. La torre, que había permanecido incompleta desde su construcción, nunca estaría terminada ahora. Gran parte del cuerpo de la catedral estaba en ruinas. El coro estaba completamente destechado y partes del ábside y de la nave del gótico temprano habían sido destrozadas. El rosetón del crucero sur, que alguna vez fue una vista impresionante, había quedado reducido a nada. En el interior, los escombros de las partes destruidas del edificio se acumularon como una montaña irreconocible, cubriendo el otrora grandioso interior. La pila de ladrillos rotos, piedras y polvo se extendía entre 15.000 y 20.000 pies cuadrados y en algunos lugares alcanzaba hasta seis o siete metros de altura. Era como si la catedral hubiera sido tragada por la propia tierra. Escalar el montículo de escombros era peligroso, ya que parecía una cadena montañosa traicionera.

A pesar de la ruina, quedaron algunos restos de belleza. Los colores brillantes del altar contrastaban marcadamente con la devastación circundante, y el órgano, milagrosamente intacto, colgaba de la pared norte del coro. En la sacristía, los candelabros y los muebles del altar estaban amarillentos por los efectos corrosivos del ácido pícrico. Desde lejos, la catedral parecía sólida, pero una vez dentro, el temor de que los frágiles restos pudieran derrumbarse ante la más mínima perturbación era palpable.

Al salir de la catedral sentí una sensación de alivio, pero esa sensación duró poco. Justo afuera, me enfrenté a la fuerza destructiva que había causado esta devastación. Un proyectil de 17 pulgadas había dejado un cráter de 50 pies de ancho y la explosión se había producido en un cementerio, donde los huesos de los fallecidos yacían ahora esparcidos entre los escombros.

La Lonja de los Paños, quizás más impresionante que la propia catedral, había sufrido daños similares, si no peores. La fachada de tres pisos, que alguna vez fue una maravilla de la arquitectura, se encontraba en un estado de colapso parcial. Había un enorme hueco en el lado izquierdo y el cristal ya no estaba. La fachada parecía inclinarse ligeramente hacia adelante, aunque no podía decir si era una ilusión óptica o un cambio real en su estructura. La torre central, aunque destrozada, todavía conservaba algo parecido a su forma original. El resto del interior del edificio había quedado reducido a un caótico caos de escombros. La hermosa Niewwerk, una estructura renacentista en el extremo oriental de la Lonja de los Paños, había desaparecido por completo, junto con el cercano Ayuntamiento. Sólo fragmentos de mampostería arqueada y montones de escombros marcaban el lugar donde alguna vez estuvieron.

La zona que rodea la Grande Place no era mejor. Al caminar por la plaza, me encontré rodeado de escombros y ruinas. Algunos edificios, como el Hospital de Notre Dame, habían sobrevivido relativamente ilesos, aunque todavía estaban muy desfigurados. El resto de la plaza, sin embargo, era poco más que un cementerio de muros destrozados y estructuras derrumbadas. En ciertas zonas, el olor a decadencia y muerte persistía en el aire, un duro recordatorio del coste de la guerra.

En un momento, me detuve para hacer un boceto de la escena, con la esperanza de capturar la grandeza de la destrucción para la posteridad. La vista ante mí, con sus inquietantes restos de edificios que alguna vez fueron grandes, era tan sorprendente que pensé que el gobierno británico tenía el deber de fotografiarla adecuadamente, para garantizar que el mundo viera la magnitud de la devastación.

Me senté en el borde de un agujero de obús cerca del hospital, sin atreverme a acercarme demasiado por miedo a que el edificio se derrumbara. El viento aullaba a mi alrededor y el sonido de los disparos a lo lejos nunca cesaba. Un avión británico volaba muy por encima y su presencia era un recordatorio de que la guerra estaba lejos de terminar. Las calles a mi alrededor estaban inquietantemente silenciosas, salvo por alguna que otra ráfaga de viento o el humo distante de otro edificio en llamas. La Grande Place, que alguna vez fue un próspero centro de comercio y vida, ahora era un recordatorio desolado e inquietante de la destrucción provocada por la guerra.

Me susurré a mí mismo: "Un proyectil podría caer aquí en cualquier momento".

El miedo se apoderó de mi corazón, pero, sorprendentemente, no fue el miedo a un caparazón inminente lo que me consumió. No, era algo mucho más intenso: la abrumadora y asfixiante soledad. Ciudades como Reims y Arras, aunque afectadas por la guerra, todavía estaban habitadas. Había gente: carteros, periódicos, tiendas e incluso cafés que vibraban con el débil ritmo de la vida normal. Pero en Ypres no había nada. Sin bullicio, sin vida. Cada calle parecía un desierto vacío, desprovisto incluso de los signos más básicos de existencia. Ni un solo perro buscó sobras. El silencio era asfixiante, pesado como un peso invisible presionando contra mi pecho.

Para evitar cualquier confusión, le había prometido al oficial de Estado Mayor no abandonar mi posición en la plaza hasta que él regresara. Ninguno de los dos quería correr el riesgo de vagar por el laberinto de calles, jugando sin querer al escondite en esta ciudad sombría y desierta. Así que me quedé sola, prisionera del vasto vacío que me rodeaba. Deseaba desesperadamente que regresaran mis compañeros.

De repente, el sonido de voces y pasos resonó débilmente en la distancia. Dos soldados británicos aparecieron por la esquina y cruzaron lentamente la plaza. Contra la inmensidad del espacio vacío, parecían diminutos, casi insignificantes. Sentí una repentina necesidad de acercarme a ellos, de hablar, pero sabía que no era así. Los ingleses no hacen eso, especialmente en un lugar como Ypres. Intercambiamos miradas casuales, nada más y nada menos, cada uno de nosotros fingiendo que todo era perfectamente normal.

Mientras estuvieron a la vista, sentí una extraña sensación de seguridad, como si su presencia pudiera protegerme de la creciente inquietud en mi pecho. Pero una vez que desaparecieron en la distancia, el miedo regresó, más fuerte que antes. No era sólo miedo, era una sensación de pavor que lo abarcaba todo, un sentimiento inquietante que me corroía los nervios e hacía que mi mente se llenara de pensamientos oscuros.

Había prometido esbozar la escena, así que me puse manos a la obra, pero fue más por obligación que por deseo. Una vez realizada la tarea, me levanté de un salto, ansioso por escapar de los confines de mi pequeño rincón. Vagué por las calles con la esperanza de ver regresar a mis amigos, pero todo lo que encontré fue el mismo vacío que me había estado persiguiendo. Estaba deprimido, irritable y sinceramente lamenté mi decisión de pasar al frente. No podía quitarme la sensación de que tal vez nunca saldría vivo de Ypres.

Cuando por fin vi que se acercaba el oficial del Estado Mayor, el alivio me inundó. Pero la sensación de desolación persistió mucho después, como una nube oscura que se negó a disiparse.

Ypres, como tantos lugares afectados por la guerra, tenía calles que alguna vez estaban llenas de vida. Una de las calles principales, la Rue de Lille, quedó grabada en mi memoria. Se extendía desde enfrente de la Lonja de los Paños, hasta la Puerta de Lille, y conducía hacia las líneas alemanas. Esta calle era famosa por su impresionante arquitectura. Estaba el Hospice Belle, un refugio para mujeres mayores del siglo XIII, el Museo, que alguna vez fue el Hotel Merghelynck, lleno de antigüedades, y el Hospital de St. John, aunque no tan notable como su homónimo en Brujas. La Maison de Bois, un hermoso edificio gótico, se alzaba orgullosamente al final de la calle, y el Steenen, una estructura del siglo XIV, se había convertido en la oficina de correos de la ciudad.

Sin embargo, mientras caminaba por la Rue de Lille, me sorprendió su inquietante desolación. A excepción de la oficina de correos, que parecía milagrosamente intacta, el resto de la calle estaba en ruinas. Las paredes de los edificios quedaron reducidas a restos destrozados, la maleza brotó de las grietas de las piedras y el polvo se arremolinaba en el aire, arrastrado por el viento que barría los restos fantasmales de la ciudad. El olor a descomposición era omnipresente y se elevaba desde la mampostería rota que ocultaba los restos del pasado. Era como si la calle misma estuviera de luto por la pérdida de una vida que alguna vez fue vibrante.

Al girar por una calle lateral, pasé por lo que parecían ser las casas de las encajeras. Estas casitas, tan humildes y discretas, parecían no haber sido afectadas por la devastación. Los alemanes, con su meticulosa precisión, habrían salvado esas calles del fuego de artillería, porque eran insignificantes en el gran plan de su destrucción. Sin embargo, no pude evitar preguntarme cómo lograron una precisión tan precisa con su artillería, guiados por lo que debieron ser mapas increíblemente detallados. Se rumoreaba que algunos de estos mapas habían sido adquiridos mediante engaños, que agentes alemanes se habían hecho pasar por ciudadanos para recopilar información de inteligencia.

A pesar de que las calles parecían intactas, el silencio era desconcertante. Las puertas de las casitas estaban abiertas de par en par, revelando habitaciones en desorden. Los pequeños salones, aunque desordenados, todavía contenían restos de la vida diaria: muebles, una vez dispuestos con amor, ahora tirados a un lado apresuradamente. Las repisas de las chimeneas estaban repletas de baratijas y los cajones estaban abiertos, no vaciados, como si los habitantes hubieran sido abruptamente interrumpidos en sus vidas.

Era sorprendente lo similares que eran estas modestas casas entre sí, sus interiores prácticamente idénticos en su sencillez. Esta ambición compartida de reflejar las vidas de los demás fue conmovedora, incluso en su trágica simplicidad. Las calles mismas parecían contar una historia de vidas interrumpidas, de mujeres y niños que huían apresuradamente, dejando atrás toda una vida de recuerdos y pertenencias esparcidas como restos desechados de sus vidas pasadas.

Aunque los interiores eran una instantánea de la vida familiar (utensilios de cocina, ropa, pequeños recuerdos de una vida interrumpida), dudé en aventurarme arriba. Sabía que el saqueo estaba estrictamente prohibido y respetaba las reglas, aunque no podía evitar sentirme como un visitante en un mundo olvidado. Mientras caminaba de casa en casa, un silencio inquietante me abrumaba. Estas casas alguna vez estuvieron vivas con el ritmo de la existencia cotidiana, pero ahora eran recordatorios vacíos de lo que se había perdido.

Me sorprendió lo rápido que todo había cambiado. Hace un momento, estas casas habían sido hogares. Entonces, una alarma, repentina y generalizada, se extendió por las calles y, en un abrir y cerrar de ojos, se convirtieron en estructuras abandonadas y sin vida, desprovistas de sus antiguos ocupantes. Adónde fueron, nunca pregunté. Parecía inútil. Simplemente habían desaparecido, absorbidos por el vasto mar de refugiados.

Más allá de la ciudad, los desolados suburbios también estaban en ruinas. Las fábricas permanecían como esqueletos oxidados, los canales estaban estancados y olvidados, y las estaciones de ferrocarril permanecían en silencio, abandonadas a la maleza invasora. Se sentía como si el tiempo mismo se hubiera detenido, dejando solo los restos de lo que alguna vez fue una comunidad próspera.

No mucho más allá de las afueras se encontraban las posiciones de artillería alemana, con sus cañones apuntados directamente al corazón de Ypres. Éstas eran las armas de destrucción, guiadas por hombres que habían dedicado sus vidas a perfeccionar el arte de la aniquilación. A su alrededor había soldados, antaño hombres libres, ahora reducidos a meros instrumentos de guerra, que cumplían órdenes con brutal eficiencia.

Cada proyectil que llovió sobre Ypres fue producto de una planificación meticulosa, resultado directo de órdenes que habían sido sopesadas y decididas con cálculos cuidadosos. La destrucción de esta antigua ciudad no fue aleatoria; fue un esfuerzo deliberado y decidido para borrar algo hermoso. Los generales, con el rostro lleno de sombría satisfacción, celebraban cada golpe exitoso. "¡Otra concha en la Catedral!" exclamarían. "¡Un agujero en la Lonja de los Paños!" Y así, Ypres fue reducida lentamente a escombros y su historia centenaria destrozada.

"Pero", se podría decir, "esto es la guerra, después de todo". Y sí, quizás eso sea cierto. Pero incluso en la guerra, hay momentos en los que nos detenemos a reflexionar sobre la tragedia que supone todo.

El futuro de Ypres, aunque incierto, sigue siendo un tema que cautiva la imaginación. Si bien es sólo una de las muchas ciudades que han soportado un sufrimiento terrible, sin duda ocupa un lugar único en la historia. Muchas ciudades y pueblos más pequeños han experimentado una destrucción similar a la de Ypres y, en algunos casos, es posible que incluso hayan sufrido una devastación mayor. Sin embargo, ninguna ciudad con el mismo nivel de importancia histórica, comercial y artística ha sufrido tanto como Ypres hasta ahora. Se erige como un símbolo trágico de la devastación provocada por las fuerzas alemanas en Bélgica durante la guerra.

Ypres se encontraba en la carretera a Calais, pero su proximidad a esta vía estratégica no fue la verdadera causa de su destrucción. Incluso si los cañones alemanes no hubieran reducido la ciudad a ruinas, el camino a Calais no habría sido más fácil para su maquinaria militar. Ypres nunca tuvo la intención de ser un bastión militar, y no podría haber servido como tal. Si los alemanes hubieran podido derrotar a las fuerzas británicas estacionadas cerca de Ypres, habrían podido atravesar la ciudad con poca resistencia, como un depredador a través de un campo desprotegido.

El verdadero crimen de Ypres fue su desafortunada ubicación. Se encontraba en el camino de un ejército enemigo frustrado y enfurecido, uno que, a pesar de su abrumadora superioridad numérica y su inmensa potencia de fuego, no pudo desalojar a la pequeña pero decidida fuerza británica en el área. Las fuerzas alemanas, rebosantes de arrogancia y exceso de confianza, estaban comprensiblemente furiosas por su incapacidad para abrirse paso. En su furia, intentaron destruir algo (cualquier cosa) para aliviar su frustración. El resultado fue la destrucción de los monumentos arquitectónicos y culturales más preciados de Ypres, como la Catedral y la Lonja de los Paños, que se derrumbaron bajo el peso de su ira fuera de lugar. Las trincheras de la ciudad, sin embargo, permanecieron intactas.

Esta destrucción de Ypres, aunque sin sentido, conlleva una cierta verdad psicológica. Fue el resultado de una abrumadora sensación de impotencia, una necesidad desesperada de destruir algo cuando no se podía lograr la victoria en el campo de batalla. Esta realidad psicológica proporciona una idea de por qué Ypres, la ciudad de historia y belleza, quedó reducida a escombros. Marca el final de un capítulo en la historia de la ciudad y el comienzo de un futuro nuevo e incierto.

Para comprender el futuro de Ypres, es fundamental evaluar los daños que ha sufrido. Aunque la ciudad ha quedado devastada, no está completamente destruida. Cuando lo visité en julio, descubrí que aproximadamente la mitad de los edificios de Ypres todavía estaban en pie, aunque en estado dañado. Si bien estas estructuras están dañadas por los estragos de la guerra, muchas pueden repararse rápidamente. Los residentes de Ypres, muchos de los cuales fueron desplazados, podrían regresar a sus hogares con mínima dificultad, siempre que las condiciones económicas sean favorables. Es inevitable que la situación económica mejore, a medida que el pueblo trabajador de Bélgica reconstruya lo que se ha perdido.

Sin embargo, las estructuras más emblemáticas de la ciudad, las que estaban en el corazón de la vida cívica y cultural de Ypres, ya no existen. Tomemos como ejemplo la Grande Place, que ha quedado completamente destruida. Si Ypres quiere recuperar de alguna manera su antigua gloria, los edificios que una vez bordearon la Grande Place deberán ser completamente reconstruidos. Esto requerirá un esfuerzo inmenso, ya que los cimientos de estas estructuras están enterrados bajo los escombros. Calculo que había al menos 150 edificios de propiedad privada en Grande Place, cada uno con varios pisos, y cada uno de ellos alguna vez fue una fuente vital de ingresos y sustento para sus propietarios. Aquellos que alguna vez llamaron hogar a Ypres ahora están dispersos por toda Europa, empobrecidos y desanimados. La misma devastación se extiende a otras calles importantes como la Rue de Lille.

Si los propietarios de las propiedades de Ypres regresaran e intentaran reconstruir, la escala de la tarea sería abrumadora. Exigiría una inmensa iniciativa, resiliencia y una fe en el futuro que podría intimidar incluso a los más audaces. Además, la tarea de reconstrucción se verá obstaculizada por la falta de capital financiero y de mano de obra, ya que Europa está en plena recuperación de la guerra. La escasez de mano de obra probablemente será más grave que la financiera, ya que todos los sectores necesitarán trabajadores. La inmensa escala de la reconstrucción, desde limpiar los cimientos hasta renovar las casas y encontrar inquilinos, hará que esta sea una tarea desalentadora, tal vez imposible.

En cierto modo, Ypres nunca se recuperará por completo. La ciudad, si se reconstruye, será una sombra de lo que era antes, un recordatorio de los horrores que una vez tuvieron lugar allí. La nueva Ypres será un campamento en medio de las ruinas, un asentamiento temporal donde la gente se reúne pero nunca recupera por completo la antigua vitalidad de la ciudad. Para las generaciones venideras, si no para siempre, Ypres seguirá siendo un testimonio de la violencia sin sentido de la guerra y la locura de quienes la causaron.

Inmediatamente después de la guerra, es probable que Ypres se convierta en un lugar de importancia histórica. Atraerá a turistas y curiosos de todos los rincones del mundo. Surgirán hoteles y guías, y los turistas visitarán las ruinas en masa, ansiosos por presenciar la destrucción de primera mano. Sin duda, algunas personas se beneficiarán de este macabro espectáculo, convirtiendo la tragedia de la ciudad en una fuente de ingresos. Este es un destino sombrío para la gente de Ypres, pero inevitable. Cuanto mayor sea el número de personas que visiten Ypres y conozcan su historia, mayor será la esperanza para el progreso de la humanidad.

Si se puede conservar la fachada de la Lonja de los Paños, debería llevar una inscripción que conmemore los acontecimientos del 31 de julio de 1914, cuando Alemania aseguró a Bélgica que respetaría su neutralidad, solo para violar esa promesa pocos días después. La inscripción diría:

"El 31 de julio de 1914, el Ministro alemán en Bruselas aseguró positiva y solemnemente que Alemania no tenía ninguna intención de violar la neutralidad de Bélgica. Cuatro días después, el ejército alemán invadió Bélgica. Mire a su alrededor".

Al caminar por las ruinas de Ypres, uno no puede evitar sentir una mezcla de desprecio e ira ante los descarados intentos del gobierno alemán de justificar sus acciones. Las excusas ofrecidas por Alemania por sus acciones (malas, equivocadas y absurdas) contrastan marcadamente con la realidad de la destrucción de la ciudad. Sin embargo, existe una cierta satisfacción sombría al saber que Alemania algún día se arrepentirá del crimen que ha cometido. Los líderes que alguna vez se jactaron de su destreza militar ahora enfrentan las consecuencias de sus acciones y probablemente estén temblando mientras se preparan para enfrentar las inevitables consecuencias de su arrogancia y barbarie.

EL FIN

www.ingramcontent.com/pod-product-compliance
Lightning Source LLC
LaVergne TN
LVHW050330160826
845677LV00014B/3573

* 9 7 9 8 3 4 8 1 7 3 1 9 7 *